天下文化 **35** 週年
Believe in Reading 相 信 閱 讀

鴻海上市以來營業額爆發式成長！

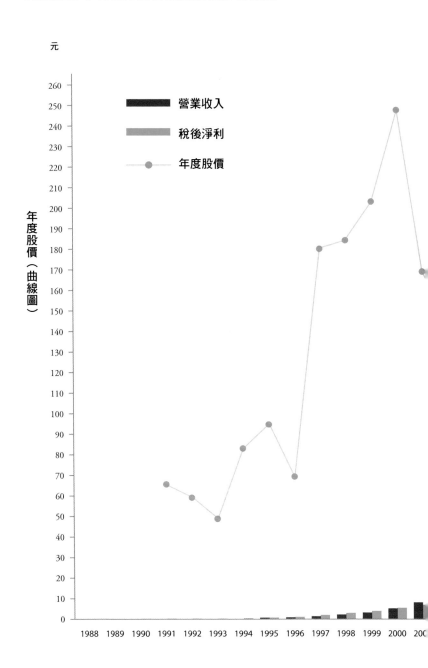

製圖：吳靜慈

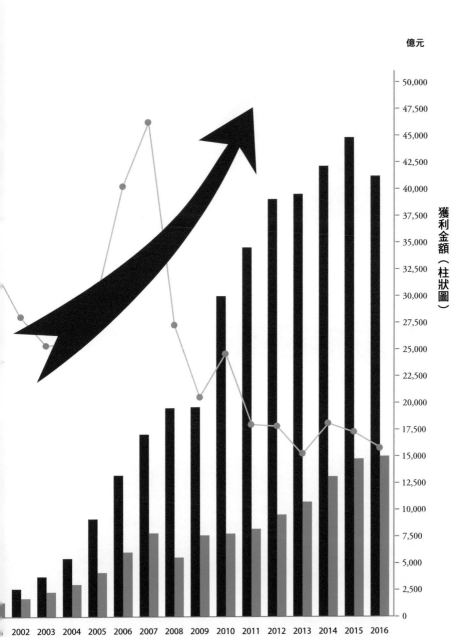

億元

獲利金額（柱狀圖）

50,000
47,500
45,000
42,500
40,000
37,500
35,000
32,500
30,000
27,500
25,000
22,500
20,000
17,500
15,000
12,500
10,000
7,500
5,000
2,500
0

2002 2003 2004 2005 2006 2007 2008 2009 2010 2011 2012 2013 2014 2015 2016

年度

財經企管 CB613

郭台銘霸業

楊艾俐——著

The Empire of Terry Guo :
How FOXCONN Leads and Wins

目錄

卷2　# 回眸鴻夏戀

卷3 # 野望，有何不可

序
英雄難為

楊艾俐

　　英雄，自古人皆嚮往之，希臘神話裡滿是人與神的英雄，文武雙全，刀槍不入。天才常崇拜英雄，1803年貝多芬寫下了他著名的「英雄」交響曲，自此流傳不絕。

　　這首交響曲主角及作曲者與英雄息息相關有關，19世紀第一年，30歲的貝多芬察覺自己耳聾、沮喪、憂鬱、多病，躲到奧地利維也納附近的小鎮養病，寫下了著名的「海利根施塔特遺書」，但之後的幾年他在病中完成了「英雄」、「田園」、「命運」等交響曲，宣示抗拒命運帶來的痛苦，成就史上最耀眼的音樂。貝多芬不是無病呻吟的音樂家，他就是英雄。

　　貝多芬因欽佩拿破崙驍勇善戰的英雄本性，而創作這首交響樂，希望獻給他，後來聽聞拿破

崙稱帝，加冕自己為法國皇帝時，嚮往民主自由的貝多芬，不願媚俗，把首頁拿破崙的名字挖掉（今天博物館展覽出來的稿件仍然可以看見其痕跡），改以「獻給一位英雄」為名，貝多芬這種寧為玉碎，不為瓦全的決絕，也是英雄。

台灣英雄郭台銘

反觀台灣，處在威權、民主交替期，人們往往不願意承認自己崇拜英雄，欽羨高成就；名嘴、政客、演藝人員占領輿論，競相比無知，更加深台灣人的平庸感。但是縱使再民主、再先進的國家也以英雄為傲，美國電視台NBC每星期選出「每週英雄」，CNN年終選出多位年度英雄（Hero of the Year），崇拜英雄並不可恥。

30多年來，我訪問了300多位國際及台灣政經領袖，對於東征西討，建構商業帝國的台灣企業家，我的確佩服，享受過他們的智語珠璣，感受「江山代有人才出」的他們。台灣外交橫逆，企業必須在兩岸、兩黨（現在又得算上美國的川普）夾縫中生存，他們不畏挫折、奮力前進，絕對可以擔得上「英雄」兩字。例如以前的王永慶，現

在的張忠謀、郭台銘。

　　我和郭台銘成長於同樣年代，台灣的三、四年級生絕大部分都成長於清寒，百無聊賴絕對不是青春的代名詞，貧窮、戰爭的陰影，物質缺乏，不管小確幸、大確幸都是遙遠的夢想，因為現實很骨感，大學畢業後急惶惶地找工作，大學學費已經是父母東湊西拼，親戚半資助來的。

　　最好是找份穩定工作，拿薪水、任公職，郭台銘和一般人不同，選擇創業，而且不甘於只做中小企業，做單一種產品，他要與國際上的百年企業，頂尖品牌競爭，都要做第一，從世界地圖中的偏遠一角勝出，這位拚天下的台灣之子，的確是英雄。

▎英雄有夢，翻轉夏普

　　2016 年，郭台銘經過 4 年多不屈不撓的努力，完成了 30 多年的夢想 —— 鴻海購併了夏普 —— 連歷年來對他頗有微詞的本土企業家也不得不佩服。台灣企業首次入主日本知名品牌，台灣不再靠日本技術轉移，而要在日本崢嶸頭角了。

　　日本人也對英雄有所期待，希望他效法日產

（Nissan）的黎巴嫩裔總經理高恩重整日產一樣，整頓沉痾已久的夏普。《日經新聞》票選郭台銘為今年最受矚目的4位企業家之一，而在鴻海入主夏普後的半年內，夏普已經有了盈餘，2016年10到12月，實現純益為2億日圓，營業利益188億日圓，比郭台銘原先承諾（2到4年夏普轉盈）的時間還提早。

從2008年金融危機後，鴻海股價不如理想，幾次郭台銘在股東會上向股東鞠躬道歉，尤其是對著拿退休金買自家股票的老先生、老太太們；也多次發下豪語：股價不到200元，絕不退休！強人道歉，既是提醒自己，也在提醒別人監督自己。

他的英雄層面不僅表現在經營競爭，也在公益上，立志捐大錢，做大事，當他捐150億給台大醫院時，台大很多人以為只是捐個一、兩億。他要求新成立的台大癌醫中心必須一開張，就做到亞洲一流，將來世界一流。做公益還必須拚速度，遇到超級寒流來襲，鴻海所屬的永齡基金會捐被子給家扶基金會，為了清寒家庭盡快蓋到溫暖被子，家扶基金會緊張的動員所有志工搶進大賣場，在大賣場關門之前收購所有棉被，及時送到清寒家庭。

▎不見白首氣猶長

英雄也肩負太多眾人期待，股東希望他更賺錢，年輕人希望他指點創業迷津，還有很多人希望他出來選總統，民調還超過現任總統。

期待過多，還會動輒得咎。2010年富士康因為連13跳事件，給員工加薪一倍，但是卻引起附近外商的不滿，因為自己的工人也示威要求比照。面對很多期待，郭台銘雖然肩膀寬闊厚實，還是很難承擔得了。當年鴻海股票上市，一飛衝天，他賺錢多多，很多人嫌他不做公益；2007年後，妻子及弟弟相繼身故，他積極做公益，又有人擔心他是否會分心。2016年鴻海尾牙時，八仙塵爆一位受害者「韓寧」向他獻花，謝謝郭董當年相助。郭台銘得趕緊出來解釋，為何沒有幫助其他受害者。

2016年，鴻海面臨20餘年來的第一次營業額衰退，從頭到尾9個小時的鴻海年終尾牙裡，不管菲哥的詼諧，女歌星的渾身解數，郭台銘及高階主管都臉色凝重。在五點半開始的記者會裡，郭台銘說，前一個晚上，「看新聞看到一點鐘，深感今年面對太多不確定因素，說什麼都對，也說什

麼都錯。」

今年雖然看到金雞，但撲朔迷離，看得到蛛絲但看不到馬跡，2016年鴻海交出了一張應該檢討的成績單，和去年其他幾次公開場合相比，例如4月2日宣布鴻海夏普結親成功，6月股東會的銳氣飛揚，英雄似有落寞之情，連旁觀的我都會有些「英雄不許見白頭」的悵惘。

天高水遠，海闊地長，也許應給英雄一些空間和時間吧。

——2017年1月於美國

VOLUME 1

英雄有夢

鴻海的未來在哪裡？
做為鴻海的肉體、意志、靈魂，
郭台銘看到的未來又是什麼？

「20年後，你有什麼夢？」

《朝日新聞》記者山口博敏在2016年6月22日的股東會裡，代表日本主要媒體發了第一個問題。

「我不知道當時我在哪裡？想做什麼，但我知道20年後，我不想做什麼。」

「我希望我不用再站在這裡主持會議。」典型的郭氏幽默，全場人士笑成一團。

接著，他說：「在那以前，我希望能讓台灣喝乾淨的水、吃乾淨的食物、呼吸乾淨的空氣。我希望帶給台灣一個更好的社會。」

郭董變了嗎？那個以「力、霸、狠」著名的郭董真的變了嗎？務實的郭董才不會說希望台灣變成更好的社會，如北歐小國，他真的有這個企圖心嗎？

▎夏普與鴻海，全球企業合作

2016年對郭台銘格外不凡。開春以來，台灣媒體和日本媒體成篇累牘地大幅報導他購併夏普的點點滴滴，懸疑奇談。這被很多日本人視之為奇恥大辱，台灣曾是他們的殖民地，更是落後國家，而今要入主夏普，這個日本人的驕傲，創新

自由的代表，那還得了！一些媒體總是說，「那個男人值得信任嗎？」簡直是每次郭台銘赴日，談郭色變。日本《產經新聞》曾經調查，有60%的人都表示，只要改成台灣人經營，將不購買夏普產品。

對夏普管理層來說，更是畏懼、不安，這代表往日熟悉的工作軌道，必將劇變。日本《經濟新聞社》記者合著的《夏普崩壞》一書中提到：「郭台銘是命運之男（即有緣分，如何都擺脫不了的人），但也使人對他有如同過敏症般的強烈警戒心。很多幹部知道他出現，更是不耐煩地說：『那個男人又來了。』」

而期望日本更加國際化的日本媒體，如《日經新聞》、《東洋經濟週刊》及外媒《華爾街日報》、《紐約時報》、《金融時報》也紛紛報導，樂觀以待。即便談判過程阻力接踵而來，外界看好的人不多，但是4月2日郭台銘靠著個人的意志力加上鴻海團隊的執行力成功了。在大阪堺工廠（SDP），意氣風發的他宣布鴻海將投資3,888億日圓，入主夏普66%的股份，席間插著他最愛的中華民國國旗和日本國旗。

郭台銘此舉訴說著高科技時光悠悠、滄海桑

田、兔起鵲落的故事，訴說著台灣電子代工業近年來發展停滯，最後奮力一搏的破釜沉舟。「談判過程他有做得好的地方，也有做得不好的地方，但都是台灣企業的啟示，」眾達法律事務所主持人黃日燦說。

當時有台灣記者問：「鴻海是台灣企業，台灣企業如何管理一家日本企業呢？」郭台銘答：「這不是台灣企業買日本企業，鴻海是全球企業，夏普也是全球企業，這是兩家跨國企業的合作。」

晉升到全球25大

2016年美國《財星》（Fortune）雜誌公布一年一度的全球500大企業，鴻海已經晉升到第25名，營業額達美金1,300億（合台幣4.4兆元），是不折不扣的全球企業，而且當全球500大企業營業額普遍縮水時，鴻海卻逆勢成長。2015年還位居第47名，2016年已大幅前進到第25名，今年加上夏普的營業額將更有斬獲。

自從投資夏普成功以來，鴻海購併動作不斷，也就是在郭台銘積極與夏普談判時，另一組人由富智康董事長童文欣（已辭職）帶領人

馬與微軟談判協商，共同投資HMD拿下諾基亞
（Nokia）的品牌。微軟當初花了75億美金買下的
業務，鴻海僅以當初1/20價格買下諾基亞手機的
主導權，實在是算得精明的買家，他們取得了功
能型手機（只打電話）品牌使用權，也取得諾基
亞在越南的工廠，未來藉諾基亞品牌可以銷售東
南亞新興市場。

　　接著，鴻海旗下康法科技代理的夏普旗艦手
機在台灣上市，又與軟銀合作開發pepper機器人在
台灣上市，賣給企業界及銀行界做為迎賓使用，
月租26,000元，比大學畢業的新鮮人24K還高。

　　郭台銘對未來的企圖心已了然分明，未來鴻
海將以「11屏3網2雲」（如下圖）的產業生態鏈

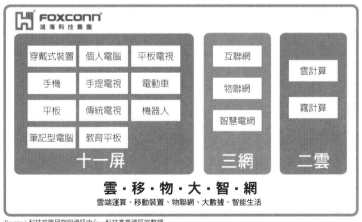

Source：科技政策研究與資訊中心—科技產業資訊室整理

發展，並以互聯網模式建構經營管理思維，轉型為六流的企業。其中「雲移物大智網＋機器人」七大領域扮關鍵。

其實鴻海就是沿著未來最夯科技走，雲端、大數據、機器人。而且鴻海的製造能力可以讓他們有足夠自信反轉遊戲規則。

例如他們不說「軟硬結合」而說「硬軟結合」，因為不管時代怎麼走，社交媒體有多興盛，人們還是需要設備來承載、來呈現、來欣賞；他們不說「虛實結合」，而說「實虛結合」，實在先，虛在後，象徵鴻海的低調務實，他們認為虛容易，實卻難。

在未來科技百家爭鳴的國度裡，通常分為使用端（客戶）和供應端（生產商）。郭台銘用製造的優勢，在供應端上擴展商機，使用端上提升自己企業競爭力，以機器人來說，鴻海在大陸已經打造了28座關燈工廠。鴻海自行設計的機器人Foxbot，24小時不停歇，任勞任怨，不會示威要求加薪，也不必一例一休，更不會跳樓輕生。

鴻海未來方向已訂，但是能否如以前的高成長很難預料。在全球電子代工中，鴻海已打遍天下無敵手，未來蘋果的創新空間不多，iPhone成長

已現疲態，營業額大半靠蘋果的鴻海（即便是最慘澹的2015年）現正走在關鍵點上，必須發展靠代工以外的營運，也就是更個人、更小量、更軟性的產品，以鴻海企業文化能夠適應嗎？

夏普，這個百年的名門企業，現在也有一兆日圓營業額，是財星全球500大裡的470名（2015年），這家近十年來充滿危機的企業，人員流失了3,000餘人，而且大部分為營運及研發菁英，出貨成本太高，又遇台灣和韓國的激烈競爭，虧損連連。郭董誓言要在2年內轉虧為盈，雖已做到，但孱弱體質真能改變？

郭台銘領導2個都走在關鍵點的企業，外商投資者在靜靜觀察，同業冷言冷語，小股東不耐煩鴻海2008年以後都沒有超過100元股價。熱血澎湃的郭台銘在股東會裡喊道：「股價不達200元，我絕不退休。」

▌交棒接班

而很多人關心的鴻海接班人問題，這個台幣4兆多營業額的帝國，全球第25大企業，郭台銘的光芒太耀眼，要做的決定太多，既是鴻海帝國的

掌舵者，也是超級業務員；不但是精神領袖，更
是實質領袖；他是鴻海的肉體、意志、靈魂。如
此一來，能有人取代他嗎？

　　如奧美創辦人大衛・奧格威所說，企業不能
單靠一個英雄，英雄總有消逝的一天。

CHAPTER 1

台灣之子拚天下

成長來自什麼？胸懷千萬里，
心思細如絲。

———— 郭台銘

「請您尋出家傳的霉綠斑斕銅香爐，點上一爐沉香屑，聽我說一個故事。您這一爐沉香屑點完了，我的故事也該完了。」

「點一爐香」，小說家張愛玲要說故事時，總會有這個開頭。郭台銘傳奇也不例外。

故事的開頭還真要從台灣板橋的一間廟宇講起。那是現今板橋老市區慈惠宮，附近夜市喧騰，人來人往，訴說這裡的繁華。這座廟宇是西元1750年福建漳浦人林成祖招朋引伴遠走台灣，墾荒順利，感恩聖母保佑，從福建湄洲請來一尊媽祖。原先只是草寮，後來幾經修建成今天規模，是新北市境內知名廟宇。

▋財神有義

有一年慈惠宮翻修，風水師拿著羅盤觀東測西，發現東廂房位置是財神所在，巧的是東廂房在多年前曾有一位警察郭齡瑞帶著一家居住過。那時郭台銘已小有名氣，原來郭台銘小時候就與財神結緣了。慈惠宮於是把這個東廂房改建成財神殿供奉五路財神。

五路財神是天官賜福財神（堯帝）；武財神

（趙公明）一手執銀鞭一手持元寶；代表無私公道文財神（比干），另有南通利財神（季倫）代表財富無盡，最後一位是北府納庫財神（沈萬山）代表聚集財富。五路財神雖屬傳說，也似乎訴說著企業家及普通百姓聚財之道 —— 能文能武講義氣。

不但如此，慈惠宮所在地不遠就是板橋林家花園，板橋林家與霧峰林家並稱，台灣人稱「一天下，兩林家」，也更印證財富和慈惠宮分不開。

林家來自福建漳州，開台祖於1784年攜長子林平侯渡海來台灣，以賣米、賣鹽致富，後來捐官致士。當時享有無盡政商特權，也消息靈通，中日甲午戰爭清廷戰敗，在日本山口縣春帆樓簽訂馬關和約，割讓台灣、澎湖等地，林家子孫林維源比當時巡撫唐景崧還早知道消息，他急尋唐景崧商討建台灣國，抗日侵占。

更早的故事應該從這首渡台悲歌講起：「勸君切莫過台灣，台灣恰似鬼門關，千個人去無人轉，知生知死都是難。就是窖場（墳場）也敢去，台灣所在滅人山……」這是清朝一位無名詩人用哀傷、悲憤、絕望的語調唱出初民渡海的心聲。400年來，在台灣及閩粵地區傳頌不絕，象徵著這批人離鄉背井追尋桃花源，主導自身命運的

決心及悲愴。

台灣不僅是桃花源，而且代表著公平正義，是個正常的商業社會，可以買賣勞力貨品換取生活所需。

這爐香另一個場景得從山西說起，山西省晉城市，太行山上一個小山頭裡有個小鄉村叫葛萬村，裡面80%居民都姓郭。黃土高原人民淳厚樸實，皺紋的臉上總是刻畫著歲月的艱辛及世代的貧窮，村莊年輕人郭齡瑞帶著妻子初永真及女兒，在1949年兵馬戰亂中，選擇跟著國民政府撤退到台灣。1949年，在這個中國人痛苦的一年，許多人面臨生離死別與抉擇，時代的悲劇也在每個人身上上演。「整個經濟已到了崩潰邊緣，真是一段黯淡的日子。」經濟學家王作榮寫道。

逃難而至的200萬軍民和400多年前到這個島上的移民一樣，不分先來後到，一同追隨著美好生活的夢。

郭齡瑞祖籍山西，從大陸逃難輾轉到達台灣，1950年生了郭台銘，然後是郭台強、郭台成。一家6口靠著郭父做警察的微薄收入過活。那時板橋派出所的宿舍尚未建好，隔壁慈惠宮就騰出東廂房給郭台銘全家住，一家人就住在不到10

坪的房間裡。

威風凜凜的虎

　　戰後百廢待興，又湧入了200萬居民，萬物匱乏可想而知，郭家沒有配宿舍只是萬物匱乏的一環。那個時代，個人命運與國家命運息息依存。1951年，郭台銘一歲時，台灣年平均國民所得只有154美元，公共衛生差，人們營養不良，嬰兒特別孱弱，近一半的嬰兒在一年中結束了幼小的生命。父母草草裹個草蓆，隨隨便便葬在田間就埋藏了對他們的記憶；現在長大、茁壯走過青少年、中年，快要或已經邁入銀髮族的男男女女，應該是幸運的一半。

　　這幸運的一半都是台灣之子。在台灣出生、長大、受教育，他們是第一代享有完整和平的人，也是現在台灣經濟奇蹟的參與者，負有未來台灣前途的傳承使命。

　　台灣之子這個詞，不該為某人或某個團體獨占。縱使他們為了生涯、前途，遠走他鄉，台灣總是他們的精神依歸，有盞燈在溫柔的等他們。

　　郭台銘生肖屬虎，虎是林中之王，生氣勃

勃、威風凜凜、勇猛往前，證其一生所作所為，是名副其實的老虎。

　　家裡雖然不至一貧如洗、枵腹終日、饔飧不繼，但也僅夠溫飽而已。擠在小小數坪大的東廂房，慈惠宮前的小廣場就是郭家兄弟從小玩耍的地方，他們在這裡玩彈珠、打架、吵架。他也從小學著講價。

▌大家都穿麵粉袋內褲

　　幾年前，王偉忠「光陰的故事」紅遍兩岸，郭台銘也與媒體談起童年往事，小時候與外婆同住，在本省人社區裡面長大。他的外婆不會講台灣話，只會講山東話、煙台話，所以，他的母語是山東話，第二個會講的是台灣話，等入了小學才開始學ㄅㄆㄇㄈ，國語是他的第三種語言，也因此郭台銘的台語和國語都很溜。「每次外婆去買東西都會帶我去做翻譯，甚至還靠我的台灣話跟賣菜的殺價。有時候殺價成功，外婆就會給我兩、三毛的零用錢，那時會覺得自己立了好大的功勞。」他回憶，似乎從小就顯示了 Cost down Terry（國外廠商給郭台銘的封號，很會殺價控制

成本）的本性。而巧的是，埔墘離今天的鴻海不遠，到總部上班有如回到兒時。

　　戰敗到達台灣的蔣介石政府，瞭解復興國民教育是重要一環，因此不管資源多困窘，設備多缺乏，大學、中學、小學馬上恢復上課。郭台銘六歲上小學，是埔墘國小的第一屆學生，那時候學校根本不是學校，只是借了一個像是里民代表大會的禮堂上課，只能坐幾十個人，但是弦歌依然不輟，朗朗讀書聲傳進鄰舍。

　　台灣三、四、五年級生的故事都在郭台銘身上能找到影子，例如為了麵粉信教、穿麵粉袋改裝的內衣內褲。小學同學告訴郭台銘這個好消息：「學校附近有座教堂，只要禮拜天早上跟著他們去唱唱聖歌、聖詩坐幾個鐘頭，累積幾次以後，教會就會發給你一包麵粉；再累積幾次，就發一些奶粉給你。」

　　郭台銘去了，累積了幾個月的成績，第一次拿了幾瓶奶粉和一袋麵粉回去，媽媽很高興。後來麵粉吃完了，媽媽就用麵粉袋給他做成內褲，小時候就穿著這種上面印有中美國旗，外面買不到的內褲到處去玩。不論外省人、台灣人大家都同樣穿這種內褲長大。

他說，那時根本沒有省籍意識，有什麼困難大家都彼此幫忙。比如說淹水了，大家就幫忙去搬磚塊、釘木頭，把門口進水的地方擋起來。彼此互相扶持，不會想到你是來自哪裡，我們又是來自哪裡。

三、四年級生也會記得小時候過年都要穿新衣，爸媽幫小孩買衣服都買大幾號的，衣長過膝，袖子蓋過手掌很多，可以捲幾個褶子，明年長大了，手長了就放一個褶子下來，過年穿幾天，穿完就收起來等明年過年再穿。買鞋子也要大的，走起路來卡卡作響，到了學校才穿上，以保穿得久。

「那時也不覺得特別苦，大概大家都苦，沒有什麼好比較。」他也曾說物質很貧乏，可是精神一點都不貧乏。有任何好東西也都會拿出來彼此分享。例如郭台銘同班同學買了一本好的漫畫書，就會拿到學校供全班傳閱。

沒有電視，連黑白電視都沒有，但三、四年級生自有偶像，如葉宏甲、大嬸婆等，每次看完葉宏甲，同學都急著想看下一集，但總要等一兩個星期才出一本。大家就輪流去租，5、6位同學湊錢，可以去租一個小時，那一個小時裡，大家

擠在一起看，看那個大戰鐵面人的結局是怎樣。

公平、分享也印證了不患寡而患不均的亙古道理。

▍不怕折磨的胖子

多年前，郭台銘在兒時玩伴張忠義的牽線下，花了100萬捐助慈惠宮前兩支石刻大龍柱，上刻有「信士郭台銘、林淑如、郭守正、郭曉玲敬獻」等字。每年初一他必定帶領家人來此上香，當地人都大略知道郭家與慈惠宮的淵源。

郭台銘雖然霸氣，但是對神明極崇敬，也算敬天愛人。他手戴念珠，常披關公圍巾。在深圳有個土地公廟，本來要被當地政府拆除，經郭台銘極力陳情才保留下來。

青少年期的郭台銘與後來的「電子の帝王」（日本人封的）第一個相似處，大約就是能說善道，高中同學和專科同學都叫他綽號「郭蓋」，他的談話範圍很廣，三江五湖、天文地理都能聊，很會說服別人。

家境不寬裕，海專的學費要自己賺，每逢寒暑假他都要出去打工。有一年在藥廠打工時，認

識了也在藥廠打工的第一任太太林淑如。林淑如出身大家，而且是大學生（台北醫藥學院），但是身高180公分、一表人才、頗有自信的郭台銘執意要追，不但在暑假頻頻找林淑如談天、約會，開學過後還到林淑如上課的學校門口站崗，終於打動林淑如。「他就是有白目精神，別人看起來不行的，他偏執的要做。」緯穎總經理洪麗甯說。

這大概是後來的郭台銘和青少年時期第二個相同處 —— 堅持不懈。

郭台銘和同時代的男生一樣，大專畢業必須當兵，基層警察的父親不能送他到國外去當小留學生，他不但當了兵還抽到金馬獎，到小金門去站崗。更令人跌破眼鏡的是有別於如今郭董「快、狠、準」的形象，當年他常因為「動作慢」而成為最常被班長、排長整的對象。「我看他現在會操人，是因為以前被操得很慘。」一個同袍打趣的說。

久富利貿易公司的董事長曹定一曾寫部落格表示，當時郭台銘個頭大、比較胖、動作比較慢，也不夠「軍事化」，因此當其他人可以睡午覺時，郭台銘常是必須一個人舉槍過頭繞著籃球場跑，要不然就是頂著太陽罰站。

　　「不過，他很『認』，」另一位同袍楊嘯如此形容當年的郭台銘。一般人被刁難私下總是會抱怨班長、排長，郭台銘雖然常常被處罰，卻都沒有怨言的去做，做完後就靜靜的坐下來休息。

　　「他EQ滿高的，被處罰得很慘還是會自我解嘲，讓大家一起笑一笑。」曹定一說，當同袍上前安慰被處罰的郭台銘時，他也會笑稱自己是「不怕折磨的胖子」。

▍鴻海人好用的原因

　　顯然這位不怕折磨的胖子，在觀察吸收軍隊如何運作、如何組織，團、營、連、排命令如何忠實執行、如何達成，10年以後就開始運用在他公司，以至到今鴻海都有著軍事化管理的名聲。

　　「鴻海出來的人真好用」，一位鴻海出去的創業者說，他的公司上下都用鴻海人，連祕書都是從鴻海來的，「鴻海出來的人就是有『使命必達』的決心！」

　　而郭台銘嚴格訓練下的幹部出去也位位有片天，例如因為會議不到被郭董革職的總經理謝冠宏，後來投效雷軍的小米手機陣營，發展出獨樹

一格的耳機，被譽為小米耳機之父。

而鴻海現在企業盤根錯節（根據中華徵信所調查，鴻海集團全球關係企業達841家），靠著經營管理委員會制衡，掌控大局，也與軍中政戰制度相似。鴻海的經管會由郭台銘多年舊部屬黃秋蓮掌管，最能實踐郭台銘意志，被譽為鴻海的第二號人物，任何投資花錢都得經過她。每個事業部也有經管會，直達總部的經管會，重大決策一定要經過事業部及總部的經管會同意。「這樣，郭台銘有控制權，我們也很放心。」一位知名證券分析師指出。

▌冷冰冰的鐵椅子

郭台銘畢業後在一家航運公司上班，日子過得很舒服，台灣外貿驚人成長海運供不應求，只有客戶來求他趕快找船裝箱。不做事就很難過的他不只勤練英文，更勤練英文簽名。

事實上，這符合郭台銘做事要做就做最好的個性。他的中文簽字也挺拔帥氣，每年股東開會他就開放簽名，排隊的長龍不亞於偶像簽名。至於是否值得，在那些小股東眼裡絕對值得。一位

殘障朋友陳鋆蓁每年都從台南搭火車到台北參加股東大會，她拿起這三年郭台銘給她的簽名，很高興的向我展示：「你看！郭董簽名英俊挺拔，而且一定加注日期。」

1973年，郭台銘看到台灣外貿欣欣向榮，但外貿的基礎是製造業，是開工廠。下定決心自己蓋工廠，那是個不甘安逸的靈魂。他做事就是要找最難的去做，才有挑戰。「你手上拿了爛牌，才會絞盡腦汁去打，」他說：「連連自摸、槓上花、開胡、連莊多沒意思。」

雖然製造業辛苦，沒有金融業、服務業光鮮亮麗，但到今天郭台銘也很自傲出身製造業。每當客人到公司看他，都看到冰冷冷的水泥地，冰冷冷的鐵椅子，「我們做工廠的就是這樣，」總掛在他嘴上。他更直接和中國大陸當紅企業家馬雲說：「你是電商專家，但不會做製造業就是缺失，製造業才是根本。」

中國大陸名經濟學家郎咸平（來自台灣）也說，從事製造業和創新的人才能叫做企業家，所以在他心目中，只有賈伯斯（創新）和王永慶（製造業）值得他佩服，其他如亞洲第一大富豪李嘉誠及阿里巴巴馬雲都還排不到他的名單上。

　　而現在美國總統川普就任後，首要就是吸引製造業回美國，蘋果與鴻海也被點名。

　　創業時，郭台銘與朋友合起來湊了30萬開業，其中10萬元是郭台銘母親標會湊出來的，等於公司1/3股份。如果郭媽媽到現在仍保有這股份，以鴻海市值近2兆（每天都會變動），等於郭媽媽的股票市值6,000億，從10萬元成為6,000億，她應該是世界上最精明的投資人。

　　初生公司有如新生的嬰兒總是脆弱，郭台銘的鴻海最先投入做塑膠產品。當時正值石油危機，原料價格大幅攀升，接著而來的景氣一片低迷，加上年輕人沒經營管理經驗，導致原先合資的股東紛紛退出，真是先天不足，後天失調。

　　於是太太林淑如從娘家借來70萬元，郭台銘一人當家做主，開始鴻海塑膠的時代，第一個產品是黑白電視機的旋鈕。談起創業艱辛，郭台銘有說不完的故事。因為沒有大公司的羽翼，政府沒有輔導，不像台塑，當初美援基金指定王永慶做塑膠產品PVC，石化市場秩序井然，還有專家輔導、信用保證基金。郭台銘更沒有富爸爸，如聲寶董事長陳茂榜、大同董事長林挺生等。

　　幸好那時黑白電視很流行，郭台銘選定了電

視旋鈕，總算累積了資金。在這幾年，他發現模具等於是產品之母，但是台灣模具業水準參差不齊，而且老師傅的知識都在腦裡，很難傳承，徒弟覺得自己手藝好了，就到外面開店。而郭台銘為了趕產品，總是拿著新樂園香菸在三重河堤旁的五金模具店，拜託師傅趕工，明天交貨。

　　暮色攏上，清輝明月當空，他騎著摩托車趕回工廠，月色灑瀉在他身上的工作服。回廠後他得處理訂單、趕報表、看產品進度，太晚了拿本電話簿就當枕頭睡，一忙起來連續3天沒辦法回家是常有的事。

▋ 電話簿當枕頭睡

　　過了幾年，台灣從不景氣中甦醒，生意轉好，郭台銘忖思要買地建廠房？買原料囤積、或者投資買模具機械？經過兩個星期的考慮，郭台銘下定決心，投資模具廠。因為模具是工業之母，必須深耕。

　　但是不到半年，那塊地漲了3倍，原料也漲了。他們的模具廠雖然蓋好了，但是新機器一切都還很陌生，算起來到外面買模具還比較划算。

但是犧牲有了回報，投資模具廠在90年代，甚至到現在成為鴻海領先對手的工具，而且是遙遙領先。「你不但要領先敵人，而且要把敵人遠遠拋在後面，讓他們永遠追不上來。」同享盛名的台積電董事長張忠謀，在開始建造台積廠房的一磚一瓦時就立下這個制敵關鍵。

做完電視旋鈕後，產品當然得升級，1980年代初個人電腦開始風行，《時代雜誌》在1984年第一次選定非人物──「個人電腦」為當年的風雲人物，預告PC未來的爆發力。鴻海則選定連接器為未來主力產品，這種細而長，如蜘蛛腳的小東西附著在晶片上，看似簡單但很重要，品質不好影響晶片運作，也會影響整部電腦。

▌全民皆贏的年代

1980年代是台灣全力發展經濟的時代。第一次石油危機剛過，十大建設剛完成，基礎建設乍然改善，台灣正值風雲際會。從商的熱情，省吃儉用，全力打拚，感染著從北到南的台灣。「每天起床，就會想到今天可以打哪個市場，可以出什麼貨，明天哪個客戶要來，我要如何打動他。」

30年前在台灣經營貿易公司的游碧雲說。

　　游碧雲，是當時典型大學生就業的例子，民國63年政大西語系畢業後，就循著一般人從商途徑──進貿易公司──做了五、六家後學到足夠本領就自己去開公司，什麼都做，五金、電子、成衣、電腦。在國賓飯店與客戶周旋，報價、殺價、比價，然後騎著摩托車北從鶯歌、南到屏東；替客戶驗貨、精挑細選；講價，從中賺取利潤。「1987年新台幣升值前，日日都是好日子，」她說。

　　我在1981年年末，進入《天下》雜誌，擔任資深編輯，訪問很多企業人士，見證了當時台灣的希望。

　　1981年營業額才1.6億的宏碁，董事長施振榮戴著黑框眼鏡，緊抿著嘴思考繼「小教授1號」電腦，下一步要怎麼走。他一開口，長而白的牙齒迎著剛升起的太陽，給人無限希望，一旁的老闆娘葉紫華，一階一階洗樓梯，準備國外客人來訪。

　　34歲的曹興誠放棄安穩的工研院電子所副所長，帶領屬下宣明智、劉英達成立聯華電子。第二年，這家公司一鳴驚人，比日本早開發出會唱歌的聖誕卡，而且成為第一個上市的電子公司。

　　現在脫離宏碁集團，自創品牌的明碁董事長李焜耀當時28歲，剛從軍中退役，賣電腦給中山科學研究院不但要自己扛、自己背，「有問題，還得鑽到電腦底下修螺絲釘，」至今仍黝黑壯碩的李焜耀說。

　　企業界99%的人還不認識這位住在板橋，營收不滿2,000萬的小生意人，他穿著人造纖維的西服，提著007手提箱到國外去爭取訂單，和同時代的台灣之子們一起成就台灣經濟奇蹟。而當時也只有台灣一個國家有這麼多企業勇士，日本是商社在把持，同屬亞洲四小龍的香港靠金融，新加坡靠政府吸引外商投資，韓國靠的是財閥及商社。

▊勇闖美國屢遭拒絕

　　隨著台灣邁入繁榮高潮，憑郭台銘的人脈和本領很容易致富，買賣土地，投資股票，甚至做剛剛開放的新興行業都很容易賺到錢。但是就如他日後的決定，明知山有虎，偏向虎山行，他仍然做他的連接器。

　　在台灣，中小企業生存尤其不易，政府行政效率差，沒有輔導，只有找麻煩。銀行一定要有

擔保才能貸款，還不出來就得坐牢，「連我們護照在海外都沒有用。」郭台銘回憶道。

他開玩笑的說，「選擇土城做我的總部，就是萬一我跑三點半不成後被抓去關，還可以在牢裡指揮公司。」

1980年代，也是台灣企業走向國際的年代，郭台銘也不例外，但是他比別人有更多衝勁，也看得遠。

「說完全不怕，那是假的！」郭台銘說起自己第一次到美國爭取訂單，那是AT&T的子公司朗訊（Lucent Technologies），在美國紐澤西，他們做連接器。這時的郭台銘阮囊羞澀，連車都不會開（大概說多土就多土），飛機一定選最便宜的經濟艙紅眼班機。

星期五早上抵達紐澤西，下午代理商載他去朗訊，但美國公司在星期五下午就已經形同週末。對方告訴他：「我家裡有事，最好星期一再來。」郭台銘只好回到旅館，一下多了3天出差費，身上沒什麼現金，沒有車，哪裡都去不了，為了省錢一天只吃2個漢堡打發。

但就在這3天，他在紐澤西那個小旅館裡規劃了拓展美國的計劃，也是他那句名言：「餓的人頭

腦特別清楚。」

星期一，郭台銘又去見採購經理，他們說星期一不見供應商，一直到星期二郭台銘終於見到了客戶，給了他兩張藍圖。花了5天時間，見面只有5分鐘：「這是一張產品藍圖，你們試試看，把價錢開出來！」

鑑於美國市場門檻如此之高，他覺得找代理商是下策，屬於被動，自己去見客戶是主動，因此他雇了個美國人，一面開車，一面學英語，更可一面認識美國。

他們常常下午六點出發，遠方，太陽一點一點落下天際，汽車的燈一盞一盞開了，車河不斷流動著，深宵夤夜只剩下他們一輛車的燈還在閃著。他總是選便宜的旅館，如Motel 6，十幾美金一晚。進了旅館他還不馬上睡，得準備第二天拜訪客戶的資料，還有第三天的客戶、第四天的客戶。不到一年，他已經跑遍美國30幾個州。

最後他覺得要在世界科技業生存，最好搬到美國來，每天嗅到高科技味道，摸到美國客戶需求，體驗高科技速度感。於是帶著太太和兒女到美國打天下，既做工廠，也做研發，也做市場。

這就是郭台銘的破釜沉舟。美國文學家梭羅

說，恐懼與勇敢近在咫尺，而且互相共存 —— 向
敵陣突進的人，最曉得箇中實情。

郭台銘霸業

CHAPTER 2

他堅持，破壞式創新

在工作中訓練、挫折中教育、
競爭中思考。

———— 郭台銘

有人說他霸氣強悍，有人說他鐵血無情，但是什麼都比不過形容郭台銘的一個詞，這個詞就是創新，而且是破壞式創新。不論是生產模式、獲利模式，甚至獨樹一格的管理模式，鴻海都是創新者、先行者。

代工起家，創新拓業

很多人會質疑，這叫什麼創新，不過是代工而已。在他買夏普時，很多日本人不懂得代工的內涵，紛紛問為什麼代工者可以做得那麼大，會成為電子的帝王；一個代工廠，可以買下他們的百年品牌？

其實這是不懂現代科技產品趨勢的人說的，代工內涵已經變化太多，不是歐美廠商拿張藍圖叫你做什麼就是什麼，那是OEM（原廠委託製造）。之後，台灣邁上了ODM，就是幫原廠商設計代工。近年來，電子產品製造益形複雜，國際各廠家必須進行嚴整分工，有專業的電子產品製造服務，雖然還是代工，但已經是一個特殊產業了，而且是支撐台灣總體經濟進步的動力。

奧地利經濟學家熊彼得早在60年前就確切指

出，「創新」有下列方式：採用一種新的產品，一種新的生產方法，開闢一個新的市場。在這些定義上，鴻海可以說當之無愧。

最近兩年，鴻海不但成為台灣科技業創新者，也成為世界科技創新者，他揮兵製造機器人Foxbot，進駐富士康分散在神州大地的工廠。機器與機器、機器與物件、物件與物件在黑暗中，彼此交換著資訊，遞送物件、製成成品、然後自我檢測、自我出貨，這種關燈工廠，完全不需要人，在中國已有28個，還在增加中。

在台灣，他接手投資的亞太電信，2016年12月推出語音通話全部免費，消費者只要申辦最低999元以上的資費，就可以4G上網，撥打市話、行動、網內、網外，不限分鐘數的資費。未來可能還有「電話講到飽」、「上網吃到飽」以及「影片看到飽」的「三飽」，這就是亞太電信為了力抗電信三雄所推出的創新。今天，科技不連續躍升，每個時點都是新的開始，電信三雄，尤其是中華電信不能再倚靠過去的豐功偉績。

▋ 以破壞撼動產業

創新需要勇氣，還是20餘歲的郭台銘創業就已展現。現任麥實創業投資負責人的方國健，那時還是世界知名電動玩具遊戲商亞泰瑞的採購經理。有天營業額不到千萬元的郭台銘來拜訪，說可以不必找代理商直接就找他做，「當時外商就是高高在上，他要來見我得冒很大勇氣，要去幹掉代理商也需要有勇氣。」

郭台銘還帶方國健去他的工廠看自動化設施，利用震動來推動螺旋軌道上的頂針（Pin）調整為同一方向，然後再落入塑膠質連接器的針槽裡，省掉人工一根一根插針的費用，大幅降低生產成本。「不是說那是多大的發明，而是在台灣當時的環境下，他有這種想法，還能找到人一起做，就很難得了。」

年輕就是手裡握著歲月的籌碼，在命運的賭局裡乾坤一擲。乾坤一擲包括會「吹牛」，也能兌現。創業早期有些訂單，郭台銘的工廠並沒有生產，但他也敢接下來，拿了訂單後再去找承包商總能及時趕上交貨期，品質也由於他的嚴格盯哨而達到標準。

郭台銘撼動產業的創新來自於1990年代中期，美國很多大公司為了減低成本，把他們的準系統（barebone computer）開放出來做（等於今天的開放資源共享），但當時世界很少有一個廠商可以從模具、機殼甚至於硬碟整合在一起統包代工。這是一個新的商業模式，鴻海抓住這個機會，提升、茁壯，乃至爆炸性成長。在此過程中，郭台銘採取逆向整合，要跟原有客戶搶市場。

產品整合順向、逆向不一樣。順向等於是跟零件、原料廠商聯手進入新市場，就如王永慶的台塑、南亞初期都是做石化中下游產品，後來投資六輕，建輕油裂解廠，等於客戶買家攜手開拓新市場，皆大歡喜；逆向則反之，例如很多個人電腦廠商，如宏碁、大眾、神達電腦本來是鴻海的客戶，現在鴻海要自己做電腦，等於本來只做汽車零件的公司，要來做車身、引擎，而且將來還做整車與汽車公司搶生意，原始客戶當然不滿，認為他們破壞市場秩序。這是鴻海崛起的時代，也是讓很多客戶及同行嫉妒、憤恨的時代。

經濟學家熊彼得指出，企業家本來職責就是創新，尤其是實現生產要素的重新組合（例如鴻海從零件到電腦，然後做遊戲機、手機），會造成

市場失衡（訂單爭相跑到鴻海），這種失衡是創造性地破壞市場的均衡，使經濟因而成長，企業家獲取超額利潤。「企業家沒有從事生產要素的重新組合就不能稱為企業家，也就是說沒有創新，即不叫企業家。」熊彼得斬釘截鐵地強調。

▎沒有創新不叫企業家

創新還要靠中小企業。管理學家彼得‧杜拉克最推崇中小企業的創新，他在一篇文章中寫道，讓經濟向前發展的並不是財星500強，大企業只決定媒體、報紙、電視的頭條，真正在GDP中占百分比最大的還是那些名不見經傳的創新中小企業；這些企業家名不見經傳，甚至文化程度教育背景都不高。

中小企業、名不見經傳、教育背景不高，很適合形容當時的郭台銘。

2003年鴻海又創設了CMMS：Component Module Move Service，這個零組件模組化快速出貨與服務是其首創的代工服務模式，就是與客戶共同設計開發和共同設計服務。接著是IDDM，系統性地幫客戶設計開發產品，就是我包你整個

電子模組，幫你裝配、成形，還幫你維修和客戶維護，原廠商只出品牌及銷售、研發等。接著郭台銘又加了個I字，這是創新（Innovative）。這兩年這個字，後面又加上了S、M兩字（Sales and Marketing），就是幫客戶做行銷和整合，成為鴻海中高階主管、工程師都必須奉為圭臬的準則。

近年來鴻海最著名的創新，是在大陸貴州建的大數據中心。訪客步入貴陽附近的大型山洞，撲面而來的清風，渾然不知在盛夏中。這山洞已被挖成隧道，裡面裝置5,000台伺服器，山洞裡有穿堂風引自然風進來，但沒有熱氣。

郭台銘在幾年前就認為全球大數據每年成長6倍，能源需求必定倍增。而在山洞裡不用開冷氣，節省大量能源，每年可以省下900萬度電！

儘管大陸已有16個廠，但貴州廠開始建立就考慮要跟前面廠區不同，廠裡花木扶疏、人工湖泊，打造得像度假村。郭台銘曾邀小股東來廠區參觀，吃住由富士康負責，股東只要買機票。「到處看到的都是藍天白雲，不像工廠。」現任夏普社長戴正吳說。

鴻海不但創新，而且專門做破壞式創新（創新大師克里斯汀生所創造的理論），透過科技性

的創新,更加低價、好用、便利等特色吸引目標消費族群。它能大力破壞舊有的市場、產品與技術,開發低階與尚未發現的新市場。

▍200頭豬,30萬顆蛋

　　鴻海的創新表現在公司的方方面面。富士康(鴻海子公司)在大陸深圳開設一個容納25萬人的工廠(幾乎等於嘉義縣人口),是全世界最大工廠,無論是如何分工、設計工序、管理工人等,都與傳統小型工廠不一樣,必須處處要創新。

　　富士康龍華園區占地2.6平方公里,有11個廠區,處處表現出富士康的獨門絕活,光解決食和行就得想出很多創新辦法。富士康每天要宰200多頭豬,殺幾萬隻雞,需要煮40噸米,備置30萬顆以上的雞蛋(每個員工早餐一定有顆蛋)。富士康建了全中國最大的中央廚房,切菜、洗菜都自動化。還有米飯、麵條等多條生產線,自動化烹煮設備。前面是雞肉,出來後就已成為炸雞;前面還是生魚片,後面已經變成炸魚,這樣才能保證25萬員工準時吃到飯。「他們已達到工業文明的極致。」大陸作家徐明天說。

　　富士康不但不能餓著員工還要講究衛生，否則員工生病一傳十，十傳百，會成為嚴重病災。園區肉、蛋、菜自己養或往外購，都從國內最大的生產基地採購，保證產品品質，進廠後要經過實驗室檢驗，符合國際標準。

　　而園區專門載送員工上下班的就有400多輛巴士，園區內還有運貨的車、送貨的車、公務車等，光是調度車輛、管理交通、維護交通都要煞費苦心，園區內警衛就有2,000多位。管理司機、警衛，又要建立一套制度。

　　在高端，也要創新。鴻海的300多人法律團隊就是個大創新，至今國內企業或國外同行很少有此陣容。法務團隊不是只在台北土城總公司，而是遍布世界，可說有鴻海投資的地方，就駐紮著不同國籍的法律尖兵。法務人員除了要有法律背景還要有工程背景，包括材料科學、機械、電子、化學等。從當初的1人法務室演變成300人法務室，鴻海矢志保衛自己的專利權可以賣錢，還藉著多年來蒐集的專利資訊，投資子公司，做為專利買賣的中間人。

▌不成長就等死

郭台銘有次應邀演講,主辦單位的題目是談鴻海怎樣在「變動中勇於創新,開創中積極傳承,成就中持續躍升。」他想了一個星期,覺得自己沒那麼偉大,所以,決定把題目改為:鴻海是「在壓力中被迫創新,成長中勉強傳承,在運氣中連番躍升。」當時觀眾哄堂大笑,卻是他真實的心聲。

的確,鴻海是被迫創新。以設立法務團隊來說,就是因為國外大廠頻頻提告,痛定思痛,索性成立法務室,一切自行處理,也預先預防。

一手建立鴻海法務室的主任周延鵬(現已退休),輔大法律系畢業後,1988年去鴻海應徵只是圖著「離家近」,但是與郭台銘一席談話,他感受到郭台銘的企圖心及遠見。郭台銘談到專利是項投資,可以自家用,也可攻擊他人,未來是用專利來建立智慧財產權,進而提升公司重要資產的時代。

鴻海法務的第一場硬仗是1989年,對手AMP(安普科技,現已更名TE Connectivity)控告鴻海侵權,安普是百年企業,營業額有1,000億台幣,

鴻海16歲，雖然連接器已開始在美國聞名，可是比起安普仍是侏儒，營業額才10億元；而安普怎麼能任憑毛頭小子鴻海，在自己雄占多時的領域撒野？安普向美國國際貿易委員會（ITC）控告鴻海，引用關稅法「337條款」要求美國停止進口鴻海的連接器產品，因為鴻海在連接器上用了一個金屬扣環。

國外大廠提告頗有戰略，就是要逼你失去客戶，市占率下降。通常他們在你產品市占率還低時放任你侵權，因為這時提訴訟他所得不多，但人力耗費大，等你壯大了或產品市占率高了就開始採取行動，一來可嚇阻其他廠家，二來可以讓被告企業損失慘重，甚至破產。在興訟同時，發警告函、刊登廣告、召開記者會。這種大規模行動，就是要告訴被告所有的客戶：「不准和被告往來！」

當時鴻海聚焦生產，隨便一樣產品就占鴻海極大的營業額。而且官司一打就是生死存亡戰，安普這一告，鴻海這項連接器就不能銷美了，直到鴻海把金屬扣環改成塑膠，才免掉這場官司。但鴻海沒有就此止步，而是把每家重要競爭者的專利報告全部買回來，每天不眠不休去分類、去

看，「當時沒有互聯網，每一筆資料都要寫信去買，買回來再用人工一頁頁分類、影印、存檔。」周延鵬接著說。進鴻海時他還是一頭黑髮，少不更事的大學畢業生，18年來在鴻海磨練，早上四點鐘起床，七點鐘到辦公室，40歲已一頭白髮。

買來專利報告後，每個鴻海法務人員都要學會「拆解地雷」，分析這些廠家如何運用專利權保護自己及攻擊別人，裡面的破綻哪些不能碰，哪些專利有漏洞可以利用。鴻海每年為法務都要花上十幾億，但絕對值得，郭台銘總是說，鴻海是被告大的，但終究沒有被大廠告倒。

1993年，鴻海開始反擊，控告大廠安普科技違反台灣公平交易法，2001年控告國際大廠泰科（Tyco，此時安普已與其合併）專利侵權。「鴻海已準備了50億元打這場官司，如果50億不夠，還有另一個50億。」董事長郭台銘在媒體上霸氣放話：「他在我小時打我、告我、罵我。現在，我終於有足夠的專利控告他。」

業界人士常比喻，郭台銘這些年強勢擴張，是一手執戰戟，一手執律法。他的霸氣帶著底氣。

不僅執律法，還執情報。

▌智慧專利大戰

後來鴻海從專利系統，發展出智慧資源規劃系統，不但有專利，更進一步蒐集供應鏈每一個環節上競爭對手的產品、製造模式、建廠形態、通路等，從中看出對手的強弱點，研究如何克敵致勝。

這套智慧資源系統有該公司專利在各領域的分布、與同業的比較、與鴻海的比較，座標圖上鴻海的優勢或不足，一清二楚。接下來，詳盡分析這些專利屬於哪些人、被引用的次數，是真正有商業價值的專利還是「垃圾專利」。

鴻海近年來進軍零售業，如在中國開設「賽博數碼廣場」和網上購物站「富連網」，讓人驚訝他們勇於進軍新行業。但早在20年前，鴻海就開始蒐集美國零售業龍頭沃爾瑪（Wal-mart）的賣場管理，麥當勞、肯德基的連鎖店經營，為多角化經營積極暖身。

智慧專利系統發展至今20幾年，效果早已超出投資，近日鴻海派出副總裁戴正吳重整夏普，就看到夏普近百年歷史裡潛藏的專利，這些「傳家寶」將來都可以賣錢。鴻海與夏普攜手籌設一

家子公司SBPJ負責智慧財產權業務，而一環創新會帶來一連串創新，創造財源，改善夏普財務，是逆轉勝的關鍵。

鴻海爆發式的成長，更是創新的結果。代工一路走來，不但贏了台灣廠商，更贏了國際最大競爭者——偉創力（Flextronics）和旭電（Solectron）。偉創力是以新加坡為總部的美國企業，於1969年在美國矽谷創立。1981年在新加坡設立工廠，拉開了偉創力全球布局的帷幕。據點超過30個國家，員工超過20萬人，產品及服務包括電腦、手機、通信工程、汽車配件、航太設備和物流……林林總總。

1990年代後，偉創力成為鴻海的死敵，雙方廝纏不休，2001年以來連續3年為電子代工業第一名。但2005年，營業額被鴻海超越，在全球財星500大企業排名，更是節節敗退給鴻海。2007年偉創力買下另一世界知名代工廠旭電（華人陳文雄在矽谷創辦，1980至1990年代極為火紅），想聯合第三名，對抗第一名鴻海，但是終究無果。從2005年以來，偉創力一直無法超越8,000億台幣營業額，反觀鴻海早已經邁出4.4兆，往10兆方向穩步踏出。

　　旭電和偉創力曾經備受產業矚目，偉創力曾經被選為「世界百強管理最佳的公司」第三名。旭電創辦人陳文雄曾被譽為華人的光榮，對台灣政治經濟影響甚巨，實在讓人感慨，企業榮枯興衰似在彈指間。

▌低價、好用、便利

　　創新不但產生高成長，利潤也隨之增加。「一開始做PC領域產品時，競爭對手賣一塊錢，我們只能賣六毛五，可是我們還有錢賺。第二個階段，對手賣一塊，我們賣八毛五，因為我們已經讓客戶瞭解，我們的品質比較好。後來，我們跟客戶同步研發，對手賣一塊，我們也賣一塊，我的利潤增加，而他的成本比不過我，市場也就節節敗退。」郭台銘在演講中說。

　　創新更要把核心技術扎根，例如扎根模具，把這個黑手工業變成專業，賦予不同的生命，成為鴻海傲視同業的本錢。其次零件製造知識化。不管是做射出成形或沖壓，鴻海聘用很多材料、電腦分析的碩士、博士，完全用知識化來解決零件製造的問題。

▌從模具到 Foxbot

鴻海也很早就未雨綢繆，例如與長春石化合作開發電腦機殼用的工程塑膠，與燁輝鋼鐵合作開發精密鋼材。

台中精機董事長黃明和還記得20幾年前鴻海就與他們開發工作母機，鴻海不惜拆開日本製造的工作母機，告訴台中精機的設計人員如何改進、增強效能。到現在，台中精機都在大陸富士康工廠（如廣東深圳、河南鄭州等）附近設立服務處，因為鴻海買的機器都是24小時運轉，一有問題台中精機可以就近維修。

因為創新，今天鴻海已經不必仰賴模具老師傅了，所有模具生產都依據歷年產生的數據以自動化方式產出模具，而且可以傳到遠端。「我們反而需要大數據分析師，」郭台銘說。

郭台銘在這次尾牙時也提到，美國希望製造業回流，但美國製造業荒廢已久，不一定設廠就能找到適合的人才，因此鴻海如要在美國設面板廠，可以把所有數據傳上雲端，美國廠裡只要工人控制現場機器即可，可以降低人力需求。這就是鴻海40多年來扎下的基礎。

　　「跆拳道打得好，一定是馬步蹲得扎實，你知道少林寺和尚功夫千變萬化是過去挑了多少年的水上山嗎？」、「花時間和金錢買到的是經驗，No experiences, no judgment（沒有經驗就沒有判斷）。」郭台銘如此說。

　　鴻海一直享有市場上的「殘存者利潤」。只要有公司失去競爭力而退出市場，繼續留在市場上的公司，就能順其自然接收其利潤。

　　鴻海幾乎沒有哪個產品是領先進入市場，但是等其他公司培養出這個市場時，鴻海便以大軍切入，所向披靡，眾廠商就只能投降，戰利品為鴻海接收，而且鴻海交貨快速，又進一步擴大了市場。淡定等待機會成熟，下手出擊，大力撕開市場的缺口。

　　日本很多產業同樣如此，例如筆記型電腦、液晶，都因為開始做時成本已比別人貴，不敵競爭，只好把市場拱手讓給台灣、南韓、中國，黯然退出。

▎撕開市場的缺口

　　創新往往要付出血淚，我在2005年採訪郭台

銘時他和我講了段故事：「做蘋果電腦G5，原來是日本做研發，我們接過來製造生產。日本很多真正的技術、know-how都不願意提供出來。從我們接到單到要大量生產的時間很短，客戶打電話給我，希望我能夠關注這個事情。」

「G5很漂亮，賈伯斯的設計一定講究極簡及完美，手拿的地方是一個弧度，像玻璃的一面是直角，一定要用手去測試才知道會不會割傷。我自己走第一線，拿手去測試那個銳角，手割到就一痕、流血。員工看到你第一個去做測試，他們就發現這樣會割手，非改不行，就這樣把這個問題改好了。」

「G5是蘋果最快的電腦，生產過程中需要高溫。夏天在深圳的生產線上，廠房的溫度到達37、38度，沒有辦法裝冷氣。那時又發生SARS，跟我們一起工作的客戶工程師都嚇得離開，日本的技術又不願意轉移。我們一面要開發技術，一面又要大量生產，環境又像烤爐。跳到第一線跟員工一起做，他們就不會覺得經營者都在會議室吹冷氣指揮我們。」

而這個故事更顯示一流客戶的重要性。鴻海發展以來，一直都尋找最挑剔的客戶，不斷挑戰

自己。早期的康柏電腦（Compaq，後被HP合併）及 Dell、Mac、iPhone、Nokia、Sony、任天堂，因為他們要求高，鴻海必須使命必達。鴻海裡最有名的一句話：「計劃趕不上變化，變化趕不上客戶一通電話。」

「很少看到一家企業的員工，對待客戶有如此強的共識。」政大商學院教授于卓民肯定地說。

鴻海的製造藝術也是由一流企業雕琢出來的，尤其是近年來與蘋果的合作，每逢iPhone出新版，一、兩年前蘋果就派設計、製造工程師到中國駐廠，兩邊工程師討論、切磋、爭執，才漸漸有了雛形。然後試產、上線，提高良率。

「他們的工程師水準極高，都是史丹佛大學、柏克萊名校畢業的，不能不佩服他們的設計能力。而且來我們這裡以前都可以把產品設計生產出來，只是不能量產，與他們合作，我們可以學很多。」一位替iPhone製造的廠商說。

鴻海的四流人才

蘋果是有名的嚴格，尤其最近消費者團體督促他們要保護工人權益，因此連生產線都有蘋果

駐廠人員監督，但是對出貨速度及品質又絲毫不放鬆。

這位廠商對蘋果有多種情緒，既佩服他們的完美主義，但又氣他們這麼一絲不苟，但蘋果沒有台灣這些廠商，也做不出如此完美的產品，這是種恐怖平衡。「是互相需要，又互相折磨，」這位廠商說，「最後就是他讓一些，我們讓一些。」

例如iPhone7去年最熱賣的顏色是曜石黑，開放預購5分鐘不到就銷售一空，這個如黑寶石的手機，被網友譽為藝術品，外觀的耀眼光澤，是以精密的九道陽極處理工序與拋光製程打造而成。

根據蘋果官網影片來看，耀眼光澤的工藝包含旋轉3D打磨，使用特製的化合物創制出光潔如鏡的表面、外殼經陽極處理工序產生保護的氧化層，讓染料透過毛細管效應吸收達到最大飽和度染色、經磁化超細鐵粒子的浸浴及打磨陽極處理過的表層帶來閃耀的光澤。

蘋果的要求嚴格，這也是郭台銘所說「四流人才、三流管理、二流設備、一流客戶」的真義，就是表示客戶逼著他們轉變。四流人才並不是表示鴻海的員工真是四流，而是客戶的要求磨練員工團隊精神，變成了一流員工。

　　「我只要做好六件事：選客戶、選產品、選人才、選技術、選股東以及選策略夥伴。」郭台銘曾說這六選當中，選擇客戶為第一要務。

　　郭台銘每天都花很多時間瞭解客戶，要看客戶有沒有長期的企圖心，以及他們的策略、未來的願景，「我比客戶自己更關心客戶。」他說。

　　誠信對待客戶更重要，美國911發生以後，很多公司電腦毀損要重新買一批。時間很短，又要優惠價，鴻海大客戶Ｈ公司急著要追加訂單，照道理說他們急如星火，非買不可，非我鴻海做不可，鴻海應該可以抬高價格。但鴻海不但沒有漲價反而給了最優惠，以服務的觀點來支持他們。因為郭台銘覺得他們已經受難了，不應趁人之危，所以鴻海緊急出了一批貨，增加客戶對他們的信任度，後面的訂單自然就跟著來。

▎用速度追來的一流客戶

　　一流客戶也要用速度追來。資訊時代「為快為破」，快是郭台銘成功的要素之一。業界流傳一則著名故事：「一家重要客戶從美國飛來，宏碁派出了一位協理親自帶隊，在機場等待客戶下飛

機，準備把他接回台北跟老闆見面。但是沒有想到，在出關大廳就看見廣達董事長林百里親自出馬，率領業務人員前來接機。

這位協理內心不禁感歎，一開始就落居下風。未曾想『螳螂捕蟬，黃雀在後』，飛機降落後接機的業務人員正要一擁而上，居然看到郭台銘跟下單的客戶有說有笑的一起走出來。原來是郭台銘掌握了這位採購專員的行蹤，在客戶轉機的時候和他搭上了同一班飛機。」

爭取一流客戶也要看準時機。1995年，當DELL總裁麥可·戴爾到中國訪問，郭台銘看準年輕的他，計劃出的獨特商業模式。

他千方百計，想辦法吸引麥可·戴爾的注意。有次戴爾到到深圳，方國健陪同戴爾和郭台銘相晤片刻後，因為戴爾趕著回美國，郭台銘提議由他來送戴爾去機場搭機（那時還是小商人）。在去機場途中，他又說，現在距登機有些時間，是否可以邀請戴爾去深圳龍華廠參觀一下，戴爾答應了。「那時他的工廠八字還沒一撇呢！」方國健說。

其實他那個廠，當時沒什麼特殊裝備，但是郭台銘能夠鼓起如簧之舌，告訴戴爾他的願景。

　　將來金屬裁切、模具、機殼，一體成形，在這一端進去，那端已是3/4成品出來，客戶拿去後，只要加上CPU和記憶體，就可以上市了。

　　戴爾聽了極為讚賞。接著是老天幫助郭台銘，戴爾到了機場後，發現深圳飛美國的班機已取消，重新訂要付人民幣，戴爾身上沒有人民幣，只好打電話給郭台銘，郭趕緊趕到機場，幫他買了機票。

　　當時在DELL總部裡，要到亞洲設廠已經定論，但是總經理主張設在馬來西亞，和英美體制較相近；裡面的華人都認為DELL應該設廠中國，潛力較大。最後當然是到了中國，而且是郭台銘手中。之後，DELL一炮而紅，源源不絕的大單落到鴻海，真是在風口上，豬都會吹起來。

　　「我從來不認為自己成功，但是我可以保證，不管多惡劣的情況，鴻海都有辦法生存下去，像蟑螂一樣。」他一字一句地說。台灣企業的生命力就在此展現。

　　創新需要冒險，宏碁集團創辦人施振榮總是說：「人生中的風險，是無所不在的，風險總在不經意時，隨時都可能出現。」

　　但人生為了要能夠找到新的機會，創造新的

價值，還是應該要面對風險，建立起承擔風險的
能力，然後勇於冒險。

CHAPTER 3

制霸就是做自己

真正的英雄是戰死在沙場上的
人，而不是來領勳章的人。

———— 郭台銘

2016年2月4日，農曆臘月26，節氣立春，很多公司第二天就開始休年假，家家戶戶忙著辦年貨，拜灶神，雖然忙碌，但也沉浸在即將來臨的新春歡騰中（除了大嘗敗績的朱立倫、馬英九及藍營人士），土城的鴻海幹部依然忙碌著，一個接一個進去與郭台銘開會。

郭台銘以召開馬拉松會議著名，而且「一問起來，加上訓示，就沒完沒了，排定中午輪到的要到傍晚才進去，傍晚的要到半夜。」富士康日本技研社長矢野耕三，每年都要去台灣開年度會議，「在外面等，你一定可以聽到董事長的大聲訓話。」

凌晨三點，郭台銘辦公室附近仍然燈火通明，郭台銘決定立即趕往日本，祕書要他的私人飛機準備，四點趕到機場。飛機起飛，天邊仍然暗，縱然有月亮，也是個下弦月，既不皎然，也不嬋娟。

郭台銘從1月底談判受挫後，仍然積極準備，他接到訊息，夏普週四董事會結束後要派10個人來台灣談。他認為要娶人家女兒應該去她的娘家，當下決定飛日本。

來不及回家，「連內衣褲都是太太送到機場來

的」，郭式幽默總在適時出現。八點鐘抵達大阪，展開馬拉松談判「用輪班方式談，最短時間談，雙方打開心胸來談，現在只剩下流程要跑，2月底應該跑完。」郭台銘一貫的語氣，不單是句子、片語、單字，甚至連音符都充滿張力。那時鴻海希望能與夏普在2月底簽約定案。

　　21天後，2016年2月25日，中央社駐日特派員楊明珠早上六點從家裡出發，轉過幾次地鐵，到達東京新幹線站，再搭新幹線從東京到大阪。今天是夏普董事會，隨後就會宣布，董事會將通過鴻海入主案，郭台銘也將一起共襄盛舉。

▍誰的約都可爽

　　楊明珠到達夏普大阪總部，已經有很多日本記者抵達，日本的2月很冷，大家都在外面等著，不斷哈著氣、搓手（顯然，日本對媒體記者沒有特殊待遇），都在總部外面一塊空地等著，遠處煙霏霧集。

　　但是郭台銘遲遲未現身，楊明珠一通電話打到台灣鴻海相關部門，才知道郭董在大發脾氣，今天不來日本了。他為什麼發怒？鴻海前一天中

午收到夏普的郵件，內容是一份關於夏普「或有負債」（Contingent Liabilit）的清單，高達3,000億台幣。郭董覺得選在這時公布，有如被突襲，非常憤怒，有點像下聘後，才知道新娘有殘疾，諸記者在寒風中苦苦等候的同時，郭台銘已決定飛往廣西南寧，參加建廠剪綵典禮。

郭台銘不是第一次放記者鴿子，2014年8月下旬，也是在大阪，溽暑的天，也是2、300位記者群集等候他的出現，左等右等，只等來了前副總統蕭萬長和副總裁戴正吳，原來郭台銘因為見不到夏普社長，氣得直接坐私人飛機回台灣，微笑老蕭還得坐鎮現場緩頰。日本記者很氣憤，覺得台灣企業太沒有誠信了，當時也在場的楊明珠，看著日本記者氣憤的模樣，覺得一向溫和的日本記者，「很想打戴正吳。」

「郭台銘連對總統都可以爽約。」他的友人這麼說。

一位曾安排郭台銘與巴西總統會面的友人說，自己前後一共安排了三次，郭台銘每每臨時變更。無法赴約部屬都用董事長去見客戶為由，「計劃趕不上變化，變化趕不上客戶一通電話」，早已是他的原則，誰也不好說什麼。

　　與同業，郭台銘有的相處融洽，有的卻始終
有瑜亮情結，例如他與廣達總裁林百里，當郭台
銘還在做連接器時，郭台銘夫人林淑如知道林百
里喜歡吃餃子，特別親自下廚包餃子，招待林百
里，郭台銘尊稱林百里大哥，並聲言絕不踏入筆
記型電腦，但後來不敵市場大餅誘惑，不只跳下
去做，還挖了廣達的60人團隊。

　　與童子賢的情結，則來自和碩搶了原是鴻海
獨家生產iPhone訂單，蘋果一方面要分散訂單，另
一方面也是和碩的技術及交貨量都達到標準，但
是郭台銘隱喻，有些廠家只會低價搶單。

▎強人鐵腕，民心所歸

　　郭台銘的朋友、同業都知道，他有事要找
你時，會千方百計找到你，而且讓你覺得你是要
角，但是你要找他時，除非他覺得你到場對他有
幫助，否則神龍見首不見尾。一位企業界人士表
示，郭台銘二婚時，他接到郭的邀請，本來不想
去，但是郭台銘竭力說服，讓他覺得自己是同業
裡唯一被邀約的人，但是到場一看，重要同業很
多都受邀，而且最大競爭對手也在座。「可能最重

要還是要賓客看到他，仍然能做多個伏地挺身，顯示身體狀況極佳。」

近年來郭台銘，每有動作都引起兩極反應，例如他連續多年捐出全部股息（今年77億）給台大醫院抗癌中心團隊，報章雜誌一致給予正面評價。但是不久後，就傳出他是在避稅，因為前夫人林淑如女士及胞弟郭台成逝世時，遺產沒有安排妥當。

他在中國給富士康作業員大幅加薪，本是福國利民的好事，卻引來台商大加撻伐，逼得附近廠商跟著比照，否則員工必定鬧示威。寶成鞋業和豐田汽車（Toyota）果然就在隨後幾個月紛紛遭抗議，工人要求至少比照富士康幅度。

媒體上，經濟版當然可以看到他，鴻海每天都會有新聞，VR（Virtual Reality，虛擬實境）或者AR（Augmented Reality，擴增實境），OLED（Organic Light Emitting Diode，有機發光二極體）或者IGZO（Indium Gallium Zinc Oxide，氧化銦鎵鋅）；社會版，因為他經常做善事，捐善款也會有他的名字，他常大手筆買下豪宅上房地產新聞；政治版呢？因為他的黨派色彩鮮明，也會上。至於娛樂版呢？再婚前，因為與幾個女明星傳緋聞，時常密集見娛樂

版，現在已很少見。

　　而美國總統川普的當選，也引發眾人要拱他出來選總統。一家媒體鄭重其事地說，美國總統開票當日，郭董和鴻海眾部屬說，你們看我來選2020總統如何？聽起來口氣是開玩笑，但媒體大為興奮，一家媒體做了網路民調：願意投郭董的63%，蔡英文33%，他的強人鐵腕似是民心所歸。

▍舊沙發・水泥地・談話有密度

　　儘管每個人對他評價不同，但是每個見過他的人一定印象深刻。IGZO技術發明人，日本工業大學教授細野秀雄，多次被提名諾貝爾化學獎。2008年他到台灣演講，會後，郭台銘請人來問他，願不願意到土城一晤。「我不願意與商人有太多往來，」細野秀雄說，「但是他派人到旅館接我，禮貌至極。」

　　在東京近郊的東京工業大學，坐在自己實驗室旁的辦公室裡，穿著拖鞋（因為要時時檢查實驗結果，利於快速走動）的細野秀雄結論當天對郭董的印象，「他是個很特別的人，不能用一般常理判斷。」

在郭台銘冷冰冰的水泥地，長沙街買來的舊沙發辦公室裡，細野秀雄見到了郭台銘。「我驚訝台灣第一富豪，如此著名的企業家辦公室如此簡樸，」細野說，更驚訝的在後面。他直接問我：「你為什麼把IGZO技術賣給三星？是否可以把這個技術賣給我？」沒有日本人會問得這麼直接。

但是過幾分鐘，細野開始欣賞郭台銘了，郭台銘談他的願景，在巴西的投資，在印度的投資，「他講話直接，不會像日本人拐彎抹角，和他講話20分鐘，等於2個鐘頭，談話有密度、有深度，比起日本人講話總是拐彎抹角，好太多。」也因此，一開始他就絕對支持鴻海購買夏普，縱使夏普是日本百年品牌，他們是用夏普長大的。

一位日本人把郭台銘看得如此之透。的確，郭台銘就是很特別的人，其實很多成功企業家，如王永慶、張忠謀、曹興誠都很特別，但是郭把自己的特別發揮得淋漓盡致。

▎令媒體心驚的霸主

他氣憤時，常口不擇言。例如英國一家小報常聯合香港勞團和台灣勞團，抗議鴻海對員工不

公，2015年股東大會時，還在場外抗議。郭台銘在股東會上聽到一個英國來的退休基金問他關於富士康勞工的問題，當場火大，足足罵了10分鐘。他動怒地說：這些惡質勞團是垃圾、走狗，「英國有許多小報，盯著我們、盯著蘋果，這些英國小報無非就是要打擊蘋果、打擊中國的製造、打擊鴻海富士康。到了香港又有莫名其妙一群人，代表著勞工團體，我非常痛恨這些英國小報，你們盡管去查英國王妃怎麼死，有多少皇室的醜聞，少管我們。」

他為富士康苦心擘畫，洗脫血汗工廠形象，現在有蘋果監督，中國政府監督，富士康堪稱中國模範工廠，還被這些勞團抗議。郭台銘怒語：「這些勞工團體利用股東會，替一、兩個員工要錢，已經糾纏了三、四年，打著正義的旗子卻只為少數人利益。」在講話中間，有律師勸他，他回嗆律師，「你們不要阻擋我」。最後，郭董宣布休會5分鐘，以平息怒氣。

有時連人家國家都罵上了，當來自澳洲的麥格理證券調降鴻海評等，從買進到中立（每個人都知道，其實就是要投資人賣出）。他譏嘲，澳洲是一群罪犯流放到那裡建成的國家，澳洲來的公

司有什麼了不起。

得罪郭台銘的人，郭台銘常常緊咬不放，企業家中告記者最多的，就是他。只要是他認為不實的報導，常常選擇與記者對簿公堂，並且申請假處分他們的財產。例如《工商時報》記者曠文琪及大陸第一財經的記者，記者多半家產不豐，惹上官司很麻煩，記者又要準備訴訟，還得忙於跑新聞。被大企業告，尤其如鴻海擁有大批法務人員，如大象踐踏螞蟻。但是郭台銘認為記者擁有利筆，稍不謹慎，就會對企業傷害甚大，例如鴻海認為曠文琪報導鴻海連接器報價提高，引發同業及客戶關切，使鴻海營業損失甚巨。大企業其實是螞蟻，不是大象。

鴻海這些舉動當然有興訟過多之嫌，但是也起了嚇阻作用，讓記者下筆前，必須謹慎。如遇他不喜歡的文章，縱使沒有事實錯誤，血性的郭台銘也會直接告上老闆，並採取制裁措施，例如拒絕這家媒體去參加該年的尾牙，這對媒體是無上損失，因為鴻海尾牙不單節目多采多姿，而且諸多爆點新聞。

▋ 制霸就是做自己

台灣解嚴以來，每個人都要「做自己」，紛紛尋求什麼是自己，郭台銘卻把「做自己」發揮得透徹。

曾經與郭台銘相交多年，現從事創投行業的程天縱說，郭台銘是標準的有恩報恩，有仇報仇的人。2008年王永慶過世，前一晚才從歐洲返國的郭台銘，第二天一早就帶兒子郭守正齊赴靈堂，面向棺木跪拜，他是第一位向王永慶行三叩頭的企業界人士。這是除了父親外，郭董第一次向長輩行跪拜禮。外面濛濛細雨，此時靈堂更顯哀戚，他甚至一度太悲傷站不起身。

郭台銘哽咽：「對我而言，他不只是嚴父，也是慈父。」「這顯示他並非目中無人之輩。」前工研院主任杜紫宸說。

遇到攸關人倫禮教時，尤其要主持正義。2014年5月，馬英九總統母親秦厚修女士過世，馬英九低調處理，不開放公祭，但5月5日民進黨立委陳歐珀仍前往靈堂鬧場，郭台銘氣得一定要開記者會，因為陳歐珀在馬英九低調處理母喪家祭時，前往鬧場、干擾安寧，不僅對往生者大不

敬，也未顧及國家元首尊嚴。他呼籲宜蘭鄉親應
罷免陳歐珀，相關經費他願意支付；他認為，陳
歐珀的行為，比禽獸還不如！敗壞台灣社會價值
的政治人物，必須被改變。

其實郭董近年來的崛起、興盛，乃至於成為
明星企業家，一舉一動攫取大眾目光，有其社會
意義，就是大家對真的需求愈來愈烈。人們對言
不由衷的藝人、捏造事實的名嘴、講話模稜兩可
的政客，望而生厭，這股尋求真實自己的力量正
在世界從東到西，從南到北捲起，大家期待名人
把自己的真面目秀出來。

例如川普從前年宣布參選迅速狂掃各州，
獲得共和黨提名的川普，在沒有媒體看好的惡局
中，脫穎而出，當選美國第45屆總統，引來全世
界的雞飛狗跳。雖然他總是挑釁，但是他勇於表
達自己，而且不講模稜兩可的話，光是這點，就
讓人耳目一新。

同樣地，曾一度為台灣總統候選人的洪秀
柱，2015年2月到7月能夠捲起旋風，也有賴於她
敢說真話，講話明確，更勇於表達自己堅信的價
值觀，如中華民國的存在，在她《未完成的總統
路 —— 鐵悍柔情洪秀柱》新書發表會時，坦誠自

己的失落和失望，她說，她多麼希望書名不是這樣。她自己也說，真善美各種德行，她最看重的是真。

雖然這兩人一人成功，一人失敗，但是他們捲起求真的旋風不會止息。

對普通人來說，表現真實比較容易，但對名人來說，通往真實之路，嚴酷又艱險。因為名人要顧及自己形象，爭取最大多數人認同，講錯一句話，就被媒體追打，不敢表現真正的自己。

▋ 人們愛真實

美國通用電氣（GE）前總裁傑克・威爾許說，許多領導者不懂，「真實」才是人們愛你的原因，就像我們市井小民一樣，領導者也必須與棘手的問題搏鬥，為了細節冒冷汗，有時也會開懷大笑。人們希望看到一個有血有肉的人。

能夠真，就是堅持做自己。丹麥哲學家齊克果曾經說過：「人們的沮喪，通常是因為無法做自己；而一個人最深沉的失落，則是選擇成為和自己完全不同的人。」

郭台銘黨派立場鮮明，不講政治正確話，一

些本土企業家認為他太意識型態，太偏國民黨。但是鴻海每年園遊會及公共場合都懸掛中華民國國旗，領頭唱國歌，在與夏普簽約投資時，他堅持一定要放中華民國國旗，與日本太陽旗並列。他認為自己在這塊土地生長，吃果子拜樹頭只是人生常理而已。

郭台銘不做無謂應酬，但是對他有用之人，包括客戶、科技專家、財務專家等，他會花長時間與他們談，例如郭台銘經常主動約談「台北科技市場研究（TMR）」分析師、《日經電子》特約記者大槻智洋交換日本電子業情報，他是郭董的日籍頭號粉絲。

「為了他，我搬來台灣長住，體會台灣電子業的蓬勃活力，」大槻說。幾年來，他常常撰文呼籲夏普切勿和三星合作，應汲取索尼的教訓，索尼與三星成立面板廠，最後養大了三星的面板事業，成為打垮自己的敵人。

曾任職分析師的楊應超，畢業20年，換了15份工作，也曾得到「亞太區下游硬體製造產業」最佳分析師的殊榮。非常勤於拜訪郭台銘，數次與他單獨見面。楊應超兩年前把對鴻海十多年的觀察，寫成一份長達百頁的英文報告，從投資客

戶到競爭者爭相搶閱。

郭台銘勢利嗎？其實這種對時間異常吝嗇的企業家比比皆是，筆者在撰寫台積電董事長張忠謀時，在美國、台灣訪問他多次，寫完後，張忠謀找我算時間的帳，一共訪問了144個小時，連我搭他的座車到新竹開會，都算在內。

王永慶更有一套對付訪客的方式，早期記者採訪他，他不滿意記者的問題，往往起身就走，後來性格較趨溫和，會用暗示的手法。5分鐘後，王永慶看客人談話內容投機，就會按一下桌下的電鈴，喚小姐進來，簡單交代兩字「咖啡」（台語）。要小姐端咖啡進來，表示他至少願意與你長談，通常45分鐘到1小時。如果沒有叫咖啡，表示王永慶無意與你久談，最好10分鐘後就告辭，否則15分鐘後，他自己也會起身說，「今天就談到這裡吧！」

對郭台銘生意無用之人，他很少見。

2002年鴻海集團董事長郭台銘在捷克購買古堡，並以前妻林淑如的英文名字「Serena」命名，Casa Serena（瑟琳娜之家）。位於捷克首都布拉格東方的庫納霍拉鎮（Kutná Hora），占地約25公畝，外加120公頃的高爾夫球場，從空中鳥瞰，就

是一座森林中的城堡。

古堡內有一整層存放紅酒的專業保溫、保濕設備，而且都是上好的名貴紅酒，但郭台銘很少去古堡，而且很少喝酒，這些都只留著招待大客戶及貴賓，捷克總理就曾是座上客。

▎每天工作 15 小時

但是為什麼那麼多人願意追隨他呢？前富士康總裁程天縱，因為郭董購併夏普鬧得滿城風雨時，第一次在臉書上發文挺郭董。他說，有幾點，只有郭台銘做得到。

雖然鴻海集團擁有百萬大軍，但沒有人上班時間比郭董更長、更認真，每週7天，每天15小時以上的工作時間有目共睹；第二、郭董認真學習的態度，對高科技的深入瞭解還有對趨勢的掌握，連程天縱都自嘆不如；第三、郭董對於未來的趨勢判斷與堅持無人能比，例如，進軍面板前，不只許多專家學者反對，連自己部屬都反對，但郭董認為面板是未來電子產品不可缺的關鍵零組件，一定要自己掌握。因此成立了群創之後還併下了統寶、奇美、夏普10代線堺工廠。

　　郭董的特點很多人不能及，例如每天工作15小時，每天只睡5小時，歷史名人只有希特勒、拿破崙和鐵娘子柴契爾夫人做到了。（醫生也諄諄勸告，養生第一要件就是每天睡足7、8小時。）他的自我學習力，以及如何運用在職場上，值得職場人學習。

　　他的自我學習力，來自與頂級客戶接觸，在大家都還不知道iPhone這個名稱前，郭台銘就已開始在深圳富士康率領部屬做iPhone了。而iPhone的雛形早在1990年代他和蘋果電腦賈伯斯會晤時，賈伯斯拿出當時他傾心的智慧型手機，給他看如何操作。「我還問他要了一張名片，上面有他的簽名，這張名片是無價之寶，」郭台銘說。

　　所以當部屬說董事長去看客戶了，不單意味著他去搶訂單，也意味著在跟客戶交流中，得知最新科技趨勢，然後決定策略，擬定步驟，克敵致勝。他極愛學習新知，不但上問，更下問，有次他在中天「與青年對談」的節目中，他提到與沃爾瑪全球採購總監一起打高爾夫球。照說這位總監比他這位CEO職位至少低兩、三個層次，但他還是高高興興和這位總監一起打球，以吸收資訊。

▋高科技教父愛紙本

這位高科技教父吸收知識卻是最原始的途徑——文字，他喜歡讀書，讀資料，經常坐上自己的飛機，就點開座椅旁的燈，捲起袖子，展開書來讀，好的書還推薦給員工讀。不但讀，還得寫報告，由人資蒐集，有些還拿給郭董看。

天下文化2006年出版《執行力》一書，這是管理大師包熙迪和夏藍所著，全球熱銷超過200萬冊！書中指出企業成敗，達成企業策略的關鍵就是執行力，執行力包括3項核心流程和7大重要行為，郭台銘看到這本書，馬上派人來買500本，分贈給親信員工，讀了還要討論，如何運用在工作裡。

郭台銘的親近人士都知道，與他溝通最有效的方式是信件（不是Email），白紙黑字讓他有思考的空間，大概也顯示要溝通者的誠意。部屬也知道要跟郭董溝通，就是寫公文，郭台銘愛批公文。一位曾經在深圳工作的富士康部屬說，郭台銘去深圳時，住的是員工宿舍（一個房間約5坪大），他與郭台銘住在同一棟宿舍，每晚九點多，

會聽到他的祕書扛著公文箱一階一階走上樓梯，接著就是郭台銘一步一步的上樓聲。他可以想見，接著幾個小時就是郭台銘一字一字看公文，做決定、批示的時間。

他的夫人曾馨瑩也學會用文字來溝通，例如她對郭董有什麼要求，就像寫公文一樣，送進去給他看，郭台銘真的會畫線、寫下總結，還會鄭重其事簽名。

專欄作家洪蘭多次強調，閱讀的重要性。因為經驗要靠時間去換取，而人的生命有限，不可能去經驗到世界上所有的事情，所以必須透過閱讀去內化別人的經驗。

洪蘭在一篇文章中解釋，我們大腦有10^{12}個神經元，每一個神經元又可以有1,000個以上的連接，是個錯綜複雜、令人眼花撩亂的通訊系統。怎麼樣才可以使神經網絡很綿密呢？科學家發現最好的方法是閱讀。閱讀是主動的訊息處理歷程，而主動歷程會促使神經連接，進而產生創造力和洞察力，這些都是領導人才需要的。

由於他的自學能力，中英文根柢極佳，每年鴻海尾牙所寫的春聯都出自他的手，比如「雲移物大智網、鴻展藍圖興偉業」「貿技工機械人、海

容俊彥譜華章」，巧妙將「鴻海」兩字嵌入對聯中，且對仗工整。而與產業相關的關鍵字，為上聯中的「雲」、「移」、「物」、「大智網」，而下聯的「貿、技、工」、「機械人」，以及「容俊彥」則是鴻海持續轉型與達成目標的策略與方法！

▌獨家修練英文

　　他多年修練的英文也在這幾年展現成果，兩年前，他在印尼舉行的APEC會議，第一次用英文參加座談會，講英文還有些吃螺絲，但2016年4月在投資夏普簽約時，大大展露英文根柢。不但全程用英語演講，還以英語回答日本及台灣記者的問題。他的英文簡短有力，邏輯清楚，沒有引經據典或使用太多酷炫文字，加上諸多條列式衍生性說明，絕對是郭台銘風格。而且也有很時髦的用語，例如never-say-die attitude、DNA等都是很時髦的用語。

　　據說郭董的英文基礎乃自學，奠定於早年他勤跑美國出差，不願意雇用代理而自己去接觸客戶，他的業務就是司機兼英文家教，並且收聽廣播。正因為英文的啟蒙是廣播對話，吸收的全是

務實的日常生活語言。

　　不喜歡高深理論，不喜歡咬文嚼字，郭台銘要求每位初進鴻海的幹部必須進工廠實習半年，這樣才可能學到精髓。動手做，就像老鳥教小鳥飛時，一定要小鳥自己去飛，老鳥會從很低的地方把小鳥往下放，小鳥剛開始會掉下去，但慢慢就會愈飛愈高愈遠。

　　他斬釘截鐵地認為，學習就是工作中學習，做比說重要，習比學有效。而且習字特別好，上面有個羽，等於是翅膀，下面是白，所以飛起來就明白了。

進階觀察 ▶ 鴻海股東會實錄

踏出土城捷運站，外面停著一輛輛貼著鴻海股東會的中型巴士，坐滿後馬上開，後面一輛立刻補位，去參加股東會的股東，頂多只要等5分鐘就可上車。

到了鴻海總部，工作人員馬上指引到哪裡報到，鴻海公事公辦，持有開會通知書加上身分證的人才能入內。報完到後，股東直線走，就可到達5樓會場，會場每個入口都有工作人員指引。

去參加鴻海股東會，最能一窺鴻海的效率和執行力，加上一些人情味。第一排安排給老年人及身障者，會場布置樸素，看得出來是做工廠的，唯一算奢華的是紅色天鵝絨座椅，那還是前幾年，為了新人訓練而備置的，以前股東都得坐在硬邦邦的鐵椅子上。

股東會費盡心思，像嘉年華會，也像粉絲簽名會，也像鴻海未來宣講會，全部圍繞著郭董。郭台銘忽而變身大家長，告訴小股東別怕，夏普他自有把握；也告訴小股東，自己身體很好，每天工作15到18個小時。因為太忙，有一年多沒有去身體檢查，他知道鴻海的健康與他的健康是一體兩面，所以承諾股東，不久就會去檢查。

他也如產業先知，滔滔不絕鴻海未來計畫，11屏、3網……都是未來3、5年最新的科技，世界就是鴻海的舞台，員工要有能力實現長青、百年不衰，打造日不落的鴻海集團。

接著開始投票選董監事，趁著這段空檔，郭董又化身為偶像，為粉絲簽名。小股東爭相拿出書本，鴻海發給股東的手冊、公開說明書、連手機的外殼都拿出來請郭董簽名，郭台銘的簽名別具韻味，一筆一劃、方正剛健，確實有大將風味。

▶ 小股東看郭台銘，愈看愈中意

曾在政府機關任職，現居台南的陳鋆蓁，向我展示這三年來郭董給她的簽名，行動不便的她，每年撐著拐杖，搭高鐵來台北，前一晚借住朋友家，開完鴻海股東會就回台南。她對鴻海動態，比記者知道的還多，輕輕鬆鬆歷舉出鴻海主要人物及負責的事業部。

另一位股東曾玉蓮從中壢來，本來想要出脫鴻海手中的股票，因為她覺得重整夏普不容易，這幾年鴻海投資太雜，股票不易有前途。她女兒勸她，應該先來看郭董講什麼再做決定，開完會後，她決定暫時不賣。

鴻海股東一共有64萬人，很多人對郭董深具感情，鴻海股票從2007年的300元，經歷金融海嘯後的57元，現在90元左右徘徊，但從未滅過郭董的志氣，不止一次他豪語，股價不到200元，他不會退休，以安股東的心。

郭台銘深知很多老人家是拿退休金來買的，所以公司不好的年頭，他特別為這些小股東感到難過。2009年股東會他道歉了很

多次，是歷年股東會之最。

　　講到老人家，他一直強調那個人盡皆知的故事，沒有媽媽創業時出的 10 萬元，就沒有今天的鴻海。他講到媽媽，就深情流露，高齡 91 歲的郭媽媽，原本有帕金森氏症，經過醫療團隊悉心照護，現在不僅能打麻將，還會玩智慧型手機，活到老，學到老，郭台銘教了她如何照相，照完相就 line 給她的朋友。

　　士林夜市有家天下第一臭豆腐，是郭台銘最喜歡的小吃攤，老板娘張金鳳，在 2008 年中投資了鴻海，買在高點，但是她到今年還持有，因為 20 多年來，她看到郭董不管生意做多大，都很低調，每次來吃，車都停在很遠的地方，不會炫富；對小人物很親切，從不會嫌臭豆腐炸的太焦或不夠熟；很多商界人士都帶不同女性來吃臭豆腐，但是郭董不是一個人，就是帶最重要的人，而且很節省，每次吃完後，就拿出深色手帕擦嘴，省了面紙。股票被套牢 7、8 年，她認為那是自己的事，郭台銘從沒有推薦自家的股票給她。

▶ 變身型男超級推銷員

　　宣布董監事當選人後，郭董忽然神隱，換底下的五個大將輪番上台報告，原來他到隔壁去，與記者相聚。鴻海對媒體紀律嚴明，不能進股東會會場，只能在一樓看電視轉播，郭台銘沒有忘記他們。

尤其今年有30多位日本媒體從日本飛來，再加上駐台北日媒，台灣採訪鴻海的記者一個都不敢缺席，加起來100人左右。

郭台銘到了記者會場，馬上脫下西裝外套，套上圍裙，挽起衣袖，化身暖男，有如夏普的超級銷售員（而且比任何廣告明星都有效果）。不只親自示範如何用自家水波爐料理，還親自餵現場日本媒體記者，吃養生農場產出的玉米和冰棒。示範最新日本機器人電話。

今年鴻海股東會走日本風，中餐是一大盒壽司，頗符合台灣人便宜又大碗，股東一面吃便當，一面聽簡報，內容緊湊，又符合鴻海的效率。

中飯後，開放媒體進場發問，戴正吳忙著招呼日本媒體，將郭董的話翻譯給日本媒體。台灣媒體提了幾個關於電力和課稅的問題，因為都很敏感，愛護郭董的小股東急急嚷著，「不要答，不要答」。他們不希望他受傷。

從7小時的股東會可以看出郭台銘精於角色扮演，除董事長外，還有大家長、晚輩、推銷員、朋友。不能說他不真誠，因為要扮演得好，必須很有誠心，人們才會感受到。

他本要搭三點半飛機去香港談代理權問題，但是鴻海股東太熱情，問了很多問題，只有一再延時間到四點鐘，才離開舞台，踏上征途。「我自己的飛機，可以延一下。」他一再延遲，回答股東和媒體的各式各樣問題，有如回答家人。

當然除了真誠外，股東最希望的是股價早日能達到200元。

郭台銘霸業

CHAPTER 4

獨裁有理，嚴格無罪

我不是兇，而是保持企業中分辨
是非對錯的工作價值觀。

———— 郭台銘

鴻海精密工業股份有限公司應給付謝冠宏新臺幣壹佰伍拾萬壹仟伍佰元，及自民國102年11月8日起至清償日止，按週年利率百分之五計算之利息，及貳拾萬伍仟股鴻海精密工業股份有限公司股票。

這是去年8月，台灣高等法院103年重勞上字第033號民事判決，鴻海「新綠樹事業群」前總經理謝冠宏，2012年為處理女兒在日本就學事宜，向公司請假，不料祕書誤植假期，導致郭台銘認為謝冠宏無故缺席會議，當場予以開除。事後謝以違法解雇提告鴻海，要求給付資遣費、工作獎金與員工紅利。高等法院認定鴻海敗訴，須給付謝冠宏約3,000萬元。

謝冠宏以鴻海戰將出名，這事件到此雖然還可上訴，但無疑是兩輸的局面，鴻海少了位大將，而雙方無法協調，愛將翻臉，告上法庭，演出半澤直樹式（日劇）的加倍奉還，終是憾事。

人大凡有優缺點，外界說來說去，不外郭董對部屬太嚴厲，獨裁專制，但為什麼還有那麼多人跟隨？所謂領導者，就是有追隨者，統御150萬

員工的郭台銘，到底有何魅力？使員工願意恆久跟著他走向天涯海角。

第一，他有願景，可以激發員工熱情。打從小企業開始，甚至願景這個名詞在管理學上還沒有出現時，他知道要帶人，必須要讓他們看見遠方有個目標，值得他們追求。

他很少說，要成為世界第一，但是成為世界第一已經深植在鴻海人的DNA中。他現在已不用講「魔鬼都在細節裡」，鴻海人每日都戰戰兢兢在注重細節中。

▎台灣來的老闆會吹牛

今天他要進軍雲端、買夏普，要做家電領導者，有人擔心他擴張太快，有人覺得他毫無章法，有人覺得他走火入魔。

他從不辯解，只是去做，身為領導人，他最先試水溫，1988年，深圳還是個荒蕪小漁村時，中國剛剛開放4大經濟特區（深圳、汕頭、廈門、珠海）。郭台銘經常坐船在深圳蛇口上岸，沒人認得他，港口保安更是常常刁難他。他看到龍華的一片地，覺得龍在中華這個地名好，決心在這裡

蓋廠。當時只有不到100個員工，但他對他們說，這裡將是世界最大工廠。

20年後這些老員工回深圳聚首時，回憶這個從台灣來的老闆真會吹牛。當時這裡缺水缺電，員工睡在大統艙裡（一年後員工宿舍才蓋好），停電時員工去休息，電來了再上工；晚上12點鐘電來了，也得上工。

後來深圳市政府陸續釋出土地，郭台銘跟當地政府官員說：我看到的地都要了。不到十餘年，這裡果然成為世界最大工廠，世界電子產品的最大輸出地。沒有這個地方，iPhone及其他智慧型手機都不會源源不斷送到消費者手中，「世界電子產品沒有郭台銘，不可能像今天這樣價廉物美，」中國大陸作家徐明天說。

徐明天從富士康成立後就蒐集員工刊物，對富士康研究甚深。他看過很多中國大企業，大企業有如航空母艦，戰力龐大，但很難轉身，不如小企業機動艇靈活，但是令他印象最深的是富士康能有如此龐大數量員工，卻靈活彈性，因此他的一本書，副標題是台灣來的大象會跳舞。

▌化繁為簡的領導，三局三合三才

　　而今鴻海集團要展現靈活打法，華人有寧為雞首不為牛後的心態，鴻海鼓勵不同省份的員工變身為小老闆，回鄉幫夏普推銷家電品，在中國購物節雙11時，夏普推出買大電視，送小電視，回饋顧客，當天就做了一億人民幣的生意。

　　他有著多重領導素質，有願景，也能設立具體目標，更能設立具體步驟。「他自己先做，每次把成功模式設計出來，你還能說什麼做不到呢？」一手建立起鴻海法務部門的周延鵬說。

　　對產業發展，他有見林的廣闊，但更有見樹的仔細。曾任富士康副總裁的程天縱，回憶起鴻海決定投身面板業，當時已有面板五虎：友達、翰宇彩晶、廣輝、奇美電、華映，郭台銘要設立群創面板，被業界戲稱是「一隻猴子」。

　　經過十幾年擴張、併購（奇美電、夏普），沒想到這隻猴子竟然成為孫悟空，當初的五虎只剩下友達掌控大局，現在台灣面板只有群創、友達這兩強。如果沒有他當初的堅持，視面板為戰略物資，鴻海集團就失手了，台灣產業發展更是缺了一角。

　　郭台銘擅於化繁為簡，就是郭台銘在拆解觀念和行動步驟時，常用三點來總結，而且順序要對，例如所謂三局，就是格局、布局、步局，先決定格局，再決定布局，再來才是步局（即步驟）；所謂「策略」，就是方向、時機和程度；企業組織就是「集合—整合—融合」；用人上的「人材、人才、人財」。而且每一條順序都不能錯置。

▎比解放軍更有效率

　　「一二三四五」、「良率第一」這是富士康工人每天上工前要做的標準動作。

　　鴻海軍令如山，在每個國家各有不同表現途徑，早期在台灣，鴻海還有早上喊口令出操的日子，現在雖已沒有，但在中國大陸的工廠徹底實行軍事化。在龍華工廠，工人坐上交通車，通過關卡，排成一排進入廠區，早上上工前一定喊口令「品質第一」等，流水線上動作整齊劃一。

　　很多時候，富士康員工要比軍隊更有紀律，程天縱記得在中國政府推動雇主與工人簽勞動合同時，郭台銘每天晚上九點開始與重要幹部連開5個小時會，釐清權利義務。第5個晚上，談到晚上

一點鐘，談好了，等在外面的人事單位馬上寫就
50幾種合約（根據不同職位，不同工作內容），
已是清晨四時。第二天一早九點，大操場集結2萬
工人，每人帶個小板凳，坐在小板凳上面，舉行
誓師活動，表達對政府此項政令的支持，「只有4
個小時準備，就能動員2萬個人，比解放軍還有效
率。」程天縱說。

周延鵬說，軍隊還要做表面功夫，但鴻海
要講究成果，要比軍隊還有效率，部屬做表面功
夫，沒有成果，也就一番兩瞪眼，只有走人。

鴻海軍令如山，也有其道理，守密就是其中
第一準則。鴻海做代工，因為各個客戶，彼此都
是競爭者，客戶都以代稱，例如A是蘋果Apple，
H是惠普。

凡是媒體沒有登的，講出去都算洩密，鴻海
的法律軍團會追究。在2008年鴻海禮聘訓練培養
接班人的4位教授包含台大教授李吉仁、政大教授
于卓民等，在進入鴻海之前，都要簽保密協定，
對他們在鴻海做的事守口如瓶。

不但在位的員工不能接受訪問，已辭職的員
工也不敢講話，甚至凡是和鴻海沾上邊的客戶、
學者、顧問、獨立董事似乎都有志一同，噤聲不

言。一是鴻海4兆營業額，山轉路不轉，常常有與鴻海交往以及交手的機會；另一是紀律嚴明已成慣例。「不知郭董到底發了什麼功，大家都如此怕他？」一位媒體人士說。

紀律嚴明更有其道理，鴻海和富士康規模巨大，不管採購發包，金額動輒以百億或千億計，連龍華廠的廚子都掌握巨額採購權。紀律必須嚴明，才能保障客戶及股東。例如前鴻海資深副總經理廖萬城因涉嫌向供應商索取新台幣一億六千兩百萬餘元回扣，被台北地方法院判處10.5年徒刑，同案被告鄧志賢則判刑3年，陳志川1年徒刑；又如鴻海駐深圳的資深副理蔡一偉涉嫌利用職務之便，私吞5,700支iPhone並盜賣，獲利達新台幣近5,000萬元。

這些都是由鴻海主動舉報，郭台銘感到十分痛心，更為此成立反貪小組徹底肅貪。其中廖萬誠是郭的長期部屬，年薪加上分紅，身價不菲，還要收受廠商回扣，難怪郭董必須嚴懲，以殺雞儆猴。

█ 鯊魚一咬再咬

　　鴻海董事長郭台銘的一舉一動也許就是鯊魚經濟時代所需。

　　鯊魚、鯊魚，大家都怕它，好萊塢大片「大白鯊」，「大白鯊2」，「大白鯊續集」，「鯊魚黑幫」……都是最賣座和最驚悚的影片，瑞典營銷專家斯蒂芬・安吉瑟斯（Stefan Engeseth）最近寫了一本書《鯊魚經濟學》，描述如此時代，世界如此競爭態勢下，必須學會鯊魚的獵捕和自我防衛。

　　鯊魚生存距今已四億多年，牠的威脅性不只在於靠龐大身軀，經過歲月演化磨練出極具創造性和侵略性的生活方式，讓牠躍升到生物鏈的頂端，成為海上霸主，更是自然界最讓人望而生畏的殺人機器。

　　例如虎鯊胚胎在母親子宮中就開始相互廝殺，倖存的才能出生。最後的倖存者則得到最好的獎勵 —— 生命。鯊魚的牙齒每年都換，有的甚至一週換一顆，以保持牙齒的銳利。在咬食獵物時凶狠無比，咬住獵物後，上下顎也往內縮，牙齒跟著往內縮，可以咀嚼，而且對獵物要一咬再咬。也就是如果對敵人攻擊，一定要一攻再攻，

才能竟其功。

最近鴻海買了夏普後，躍升為面板大家，今年減少面板供貨給三星，出再高價也不賣，並且要打擊三星電視的世界市場占率，又在中國積極布局電視市場，不讓其在中國市場搶先機，這就是對抗三星的一咬再咬。

郭台銘花很多時間調整組織，成立新事業群，拆解、改組舊事業群，連次級團體也經常合併、分解，「方向變了，業務變了，就像小孩長大，當然要換衣服一樣。」

改組提醒公司經常在改變中，這也如鯊魚經常要換牙齒一樣，使其更銳利。聽起來順理成章，但是員工能習慣嗎？變動是家常，不變才是不正常。調動當然沒有商量餘地，不能適應的只有辭職。

▌太陽式管理：1,000人向我報告

一位從電子公司退休的總經理退休後，原來想多為電子業多效命幾年，加入鴻海新綠事業群，很喜歡鴻海的企業文化，但是不久後，新綠事業群解散，他被編到其他部門。組織氣候及工

作重點大不同，就只有黯然離開了。

　　以鴻海125萬員工龐大組織，仍能以應變快速出名，郭台銘有句名言：執行力＝速度＋準度＋精度，就如鯊魚體型高度流線、快速游泳，全身覆滿了盾鱗，保護鯊魚免於受傷或者被寄生，還可以增進牠們的流體動力，讓牠們游得更快速。

　　台大教授李吉仁說，鴻海所競逐的電資通產業是個時基競爭（time-based competition）場域，技術更迭快速，產品生命週期日漸縮短，郭台銘常常強調，電子零件每星期都跌價10%，不到幾個星期就價值全無。因此，鴻海從決策到執行、反饋；從產品開發、到製造、到服務；從溝通、協作、到競爭，都一再強調速度的重要性，郭台銘語錄裡更是很多都與速度有關。

　　速度不是莽撞、而是一套機制，裡面有諸多環節，從事前如何準備，執行時的細節，決策的速度等等。為了加強決策速度，郭台銘親自監督的部屬就有1,000多個人，他無視管理學上主管的最適管理規模7個人，最多不能超過20個人（因為他精力無窮，不怕過勞），這1,000多個人都要向他報告，在鴻海內部稱這是太陽式管理，屬下全是星星，要圍著他轉。

▌罰站、挨罵、諷刺、消遣

　　他最為人詬病的就是嚴厲（他自己辯稱只是嚴格），訓起人來，毫不留情，很多高階主管都被罰站、挨罵、搶白、諷刺、消遣。儘管這些主管出門在外被人恭維，還領高薪拿股票分紅，卻常自我解嘲拿的半數都算是遮羞費。

　　早期郭台銘對員工，是恨鐵不成鋼，因此很不留人情面，管理學家信懷南曾任鴻海執行顧問。有次接受《星島日報》專訪，看到郭台銘在大陸用擴音電話，一直要一位部屬重複自己的答案，那個人傳出來的聲音都已經沙啞了。信懷南聽了非常不忍。

　　回想起來，信懷南覺得郭台銘就像中國的法家，工於心計，講究策略，此舉是在殺雞儆猴，他不是真的要侮辱這個人，而是要利用這個機會樹立權威。信懷南曾晚上在鴻海的飯廳用餐，發現飯廳坐得滿滿的，原因是這些人吃完飯要回去加班的。郭台銘晚上十點前不離開辦公室，他的部下就不敢離開，部下的部下也就更不敢離開。

　　他的責難也常常很有創意。當電腦主機殼投產時，全員動員，希望當年就能有全球第一的產

能。一天，郭台銘來到製造現場視察。發現這位廠長的辦公桌離現場太遠，就走到他前面，神色平和地問：「企業陷入困境主要是因為哪兩大問題？」這位廠長答不出來，支吾以對：表面問題可能很多，但是⋯⋯。郭台銘顯然是有備而來，立即提高嗓門：「QBQ（問題背後的問題，和王永慶追究的合理化同出一轍）只可能有兩個：要麼遠離顧客，要麼遠離員工！」

接著郭台銘說，他曾經要求任何生產主管的辦公桌不得遠離生產現場十米，顯然這位廠長沒有做到，他畫龍點睛地講出：「心理距離與物理距離成正比！遠離現場就是遠離員工，遠離員工就是遠離品質，遠離品質就是遠離顧客，遠離顧客就是接近消亡！」從此，郭語錄就有一條「遠離顧客、遠離員工是企業消亡的原因。」

覺得自己對鴻海大有貢獻的員工，郭台銘最喜歡潑他們冷水。全世界的公雞每天早上都會啼叫，可是每隻公雞都以為太陽是自己叫起床的，認為除了自己之外，別的公雞都沒有功勞；可是事實上就算沒有公雞叫，太陽還是一樣每天升起。

「真正的英雄，早就死在沙場上，而不是回來拿獎章的人。」有幾年在尾牙時，員工得獎時，

郭台銘都會有點掃興地如此說。主管聽了實在不知如何是好，到底這對我是褒是貶？郭台銘本意是人生還有很多戰場要開闢，大家不要心存小確幸，滿足於目前成就。

▋ 領導人要令人畏懼

其實，企業界不乏兇惡的主管，現在更多，在《哈佛商業評論》裡特別報導這類型主管。史丹福大學商學院組織行為講座教授、社會心理學家克瑞默在一篇論文「威嚇領導力」（The Great Intimidators）中指出，高EQ不一定有用，有時，我們需要令人畏懼的領導人驅策。領導人若擁有大膽的政治智慧（political wisdom，並不是指從事政治，而是知所進退），常能激勵部屬做出超越極限的表現。

例如蘋果的賈伯斯、英特爾的葛洛夫（Andy Grove）、惠普的菲奧莉娜（Carly Fiorina），都以強勢、罵人、凶狠出名。名單上還有迪士尼的麥可・艾斯納（Michael Eisner），電影公司Miramax的哈維・溫斯坦（Harvey Weinstein）等，尤其當企業或產業死板僵化、雜亂無章、死氣沉沉，或隨

波逐流，更需要強勢領導人大刀闊斧改革，重新設定方向。

文章也指出，需要快速反應的高科技、政界、影藝界尤其要這樣出色的領導人。這些行業需要快速反應，而且在效期內可以賺取大量報酬，過了時效，則虧損甚巨，此類威嚇式領導人軟硬兼施，最能激發部屬超越極限，達到團隊成果。有些行業裡只要擁有微小優勢，就可以左右勝負，這時恐懼效用就是關鍵。

經過精心計算的發脾氣，可以讓領導人在當下占上風之外，還可以對潛在的挑戰和質疑者發揮寒蟬效應。

令人畏懼的領導人往往能看到穿越重重障礙後的路徑，恨不得馬上清除障礙。郭台銘同樣如此，他知道集結大軍，分層負責，可以達到客戶所交付最難的任務，例如能夠在短時間做到及時生產iPhone，即時交貨1,000萬台，而且完全符合蘋果要求的品質。「沒有富士康，就不可能有今天的蘋果。」作家徐明天說。

很意外地，克瑞默本來要做的研究是記錄部屬對嚴苛領導人負面的經驗，但是後來發現很多部屬還滿喜歡這樣的領導人，認為這些經驗有著

寶貴的教育意義。「他們不但不後悔這樣的經驗，
而且樂意再來一次。」克瑞默說。

▊ 鐵打的皇帝，流水的將軍

集霸氣、財氣、勇氣、豪氣一身的郭台銘，
敢給敢要，他給員工高薪、分紅，在鴻海的尾牙
裡，摸獎的總金額就達6億（鴻海股票），當天就
創造出5位千萬富豪來。2016年鴻海員工分紅每人
142萬，平均每月12萬元，這只是平均數，一位鴻
海的專職重要主管說：「有一年，我拿到年終分紅
自己都嚇了一跳，這比我在外商公司做了十年還
多。」

但是他也要求他們賣命，員工經常過勞，
趕不上的員工不是離職就是申請退休，經過這樣
訓練的幹部都能開疆闢土，也都是一隻隻老虎，
而不是一群群羊。郭台銘最欽佩的企業主是王永
慶，王永慶就只在意訓練出如老虎的主管，他說
「只有老虎才能訓練出老虎，羊只能帶出羊。」

遊戲規則很清楚，就能讓員工願意跟隨，因
為可以省去員工很多猜測主管心思的時間，更不
至有伴君如伴虎之感。他的對手不喜歡他，早年

他不計代價向競爭對手挖角，有時把人用完後，就不再重視。但是沒有關係，張忠謀也說：要把競爭對手遠遠拋在後面，令競爭對手發抖。這些領導人製造不安，也創造價值。

近年來情緒領導成為熱門話題，暢銷書《EQ》作者丹尼爾・高曼撰文，領導人的情緒風格（emotional style），會透過心情傳染（mood contagion），或鼓舞或壓抑、或光明或陰鬱，影響組織成員間的心情和行為，攸關公司工作表現。在超速變化各方人物風起雲湧的時代，郭台銘能搏人眼球，領導世界級企業集團，進而促進其公司營運，顯然在情緒領導力他占了上風。

郭台銘善於識人，一旦被他相中，他必是盡其所能，納入鴻海體系，恨不得天下人才都能為己所用。

當郭台銘看準一個新事業決定出手後，首先就是網羅在業界該領域的「Top 3」好手。

例如群創前董事長段行健，就是台灣最早從事TFT液晶面板製造的聯友（曹興誠創建）總經理，堪稱台灣面板教父。為了做蘋果電腦及手機的生意，他也重金挖角禮聘蘋果電腦副總裁蔣浩良，做鴻海數位產品事業群總經理。

　　有時候是一群群地挖，鴻海為了成就帝國年成長30%的目標，必須不斷踏進新領域，郭台銘顧不得對好友、廣達林百里的承諾，鴻海挖角了廣達60多人的團隊，也搶到了廣達的訂單。

　　對人才，他很有耐心，1990年代初，郭台銘極力想拉當時還在德州儀器的程天縱。「他約我在他美國家裡吃飯，可以從晚飯談到半夜三點，仍然不放棄，說辭從民族大義（要為華人公司打拚）到他個人抱負，加上鴻海願景，不一而足，」最後程天縱答應，只要從德州儀器退休，他就投身鴻海。這一個承諾，郭台銘等了快20年，等到2008年程天縱從德州儀器退休後，不到一個星期，就直奔富士康在深圳龍華的廠。

　　在鴻海的5年裡，程天縱脫下了在外商公司必須穿的西服，卸下領帶。這5年來，他穿著工廠制服（和現場工人一樣）專注於製造領域。巡梭於鴻海在大陸的十幾個廠裡，重新分工，徹底改善流程。「從那以後，我就再也沒有穿過西裝，打過領帶了。」程天縱說。

　　他經歷過鴻海爆發性成長的年代，蘋果手機及其他智慧型手機，也陪著郭台銘走過龍華廠工人13連跳的困難歲月，「它滿足了我人生最後一

塊拼圖。」

▌挖人有霸氣

他挖人有霸氣，除了豐厚薪水及分紅外，還顧及眷屬心情，有數百萬到數千萬元的安家費。例如郭台銘要延攬人才從事即時生產、即時管理，而最好的人才是從日本汽車公司引入，他看中了在豐田汽車工作多年的經理人戴豐樹。他在與戴豐樹會面前，先與戴豐樹的妻子懇談，得知他們在台灣沒有房子，當下郭台銘大手一揮，就讓他們去找一間3,000萬元的房子，鴻海出錢，只花了一下午就辦好到職手續。

一位已從鴻海離職的經理人說，其實這不單是錢的問題，而是郭台銘展現的豪氣讓人不得不佩服，「他是條漢子，」這位經理人說。

郭台銘認為只要人才有心發展，一定有發展空間。戴豐樹進入富士康後，做PC、遊戲機，接著去發展手機。當時有人懷疑做車子的，能把手機做得好嗎？但郭台銘認為，「一輛車子的零件有2,000多種，但一個手機只有200多種，你說做不做得起來？」

　　戴豐樹進入鴻海後，卻很少停留在那棟價值3,000萬的房子，他頻繁來回全球和大陸，參與鴻海各種電子產品的全球布局，甚至在2009年一度搬到韓國首爾，只為搶到韓國LG手機（當時已居世界市占率第三）的代工。可見他不但是超級製造者，也繼承郭董作風是位超級業務員。

　　而不管在鴻海或富士康，很多高階經理人掌管的事業範圍都是5、6,000億元，相當於國內排名前100大企業。

　　薪酬只是一個因素，更重要是鴻海不斷成長，提供一個舞台，雖然責任重大，「有著極高的榮譽感，不是金錢可以衡量的。」政大教授于卓民說。

　　外界常常認為，這些外商戰將，既能打仗，又能建立制度，是理想的接班團隊，但是很多都沒能在鴻海生根，有的5年，有的3年，有的甚至不到3個月（例如中華電信前董事長呂學錦擔任「鴻通韜略發展中心院長」），還有一位著名通訊公司總裁去了一星期就辭職。最近富智康董事長童文欣也辭職，凸顯鴻海集團的高層流動性問題。

　　是不是鴻海有階段性用人作風，教會鴻海人本事，價值就減損很多？郭台銘的強人作風，也

讓這些專業經理人受到制肘，再往上走，也沒有太多發揮空間。

史丹福大學教授克瑞默也勸告，領導人過度強硬，會為企業及本身帶來危機，例如惠普前總裁菲奧莉娜斷然拒絕董事會為她增設營運長的要求，有人形容她「經常犯錯，卻從不懷疑自己」。

克瑞默認為這些領導人愈成功，就愈無法聽到批評和反對的意見，很多圍繞在他身邊的人會說領導人想聽的話，有如鸚鵡般。

「每個人都需要節制和制衡的力量，不管做到多高位。」克瑞默說。

進階觀察 ▶ 郭台銘的雲端管理

郭台銘一共有3架私人飛機,最早的一架是10億台幣美國灣流航太公司的產品。因為弟弟在北京治病,他常常飛北京照顧,當時沒有直航,轉機非常費時。過了幾年又買了第二架G550可搭載19人,可以不用加油,從台灣飛美國西岸。去年4月買完夏普後,他的最新飛機也被拍到,灣流G650ER可從台北直飛美國東岸,直飛範圍遍及全美,價值21億元,是商務飛機裡的賓士。名人巴菲特、馬雲、王健林(中國地產大王)都是客戶。

值得注意的是郭台銘飛都是為了公事,但飛機是用私人錢買的。不管私人飛機多豪華,在飛機上他也從沒有停歇,一上飛機通常都與部屬開會、談公司策略,批公文、看書。這批看完了,就令另一批部屬在下個站點等,然後繼續開會。

和他開會的很多是業務相關的中階主管,藉此觀察考驗,也能瞭解組織所面對的問題及矛盾。

一位曾經與他一起飛過9天的部屬,在雲端觀察郭董如下:

我們在大陸飛了九天,去參觀一些工廠及研究場所,對鴻海沒有緊迫的需要,但是郭董仍然保持高度的興趣,不斷問問題,和我們討論、思考,顯然他著眼未來。

那架飛機是9人座,我們坐定以後等他,他來了,只見當地的祕書遞給他厚厚一疊公文,需要他批示。

郭董很快入座,就叫我們「到前面來,你們躲到後面做什

麼！」我們就坐到前面去，他問了我一些業務的事情，我談到資源，他就問：「資源有幾種？」我知道他的郭語錄裡有7項，我只背出3項（我一向不擅長背書），旁邊有同事替我答了，才解決我的尷尬。

下了飛機去參觀，郭董興致勃勃，問了很多細節，我們都想不到，的確佩服。晚上照例當地官員或主人會請客，當然也少不了乾杯等，郭董不管在任何場合都只是微醺，敬酒示意，並且告訴眾人，醫囑不能多喝，所以從不會被灌醉。

回到旅館大廳，郭董會召集部屬談今天參觀所得，每個人都得發言，並且review明天的行程，接著當地又有人會遞一疊公文進來。就如成吉思汗在每個驛站都會有情報、公文，以保持大軍密切聯絡，有人幫他把公文抱進房間裡，他批到幾點我不知道。但是我知道第二天七點鐘集合，他一定會準時出現，而且精神奕奕，誰也不敢遲到。到了機場，他把看完的公文交給來人，那個人仍然會交給他一箱子代批的公文。

郭台銘霸業

CHAPTER 5

栽植蘋果樹於中國

一個人做事沒有舞台，也就沒有夢想。

———— 郭台銘

張愛玲的小說裡有第二爐香，郭台銘在大陸一飛沖天，應該算是第二爐香。

《電子時報》社長黃欽勇記得十餘年前，他出版一本書《西進與長征》，請郭台銘寫序，這位大忙人CEO不但花了一個晚上，幫他寫序，還送了一幅自己親手寫的一副對聯相勉：「西進如熾科技長征練勁旅，東方正紅海峽巨浪淘英雄」。黃欽勇說，「西進如熾」正是當年台商前仆後繼前往大陸投資之際，郭董以「科技長征」自勉，而對聯之中的「練勁旅」、「淘英雄」又都足以象徵郭台銘的雄心壯志。

可能連郭台銘自己都想不到，在中國會發展出如此大之霸業，近30年前，1988年，中國剛剛改革開放，他踏上還是小漁村的深圳，當時深圳的落後，今日很難想像，要到香港才能打電話去台灣。郭台銘經常由香港坐船到蛇口登陸深圳，有次坐計程車，司機和保警起衝突，郭台銘從中勸架，還被保警打了幾拳。

郭台銘在西鄉崩山腳下租了一個4層樓的房子，沒水沒電，周圍一片荒蕪，台灣老闆在荒草中向剛招募來的150個工人講話，「這裡將建成世界最大的工廠。」

　　那時是一個人的武林，他獨自比劃。底下員工笑說，「這個台灣來的老闆真會說笑話。」

　　但是大約10年，郭台銘就一一兌現。這個25萬人的工廠，的確是世界最大，而且生產技術先進，生鋼生鐵從這邊進去，那邊就出來電腦。

　　接著發展的是各種手機、筆電，深圳在廠區裡設置站點，每4.5秒就通關一部貨櫃車，否則達不到出貨目標，中國的出口額會受到影響。也因為富士康的巨無霸規模，40%的消費電子都由此出發，有了「深圳塞車，全球缺貨」的說法。

　　富士康在中國大陸設立了23個據點，遠至甘肅、蒙古等省。除了工廠外，還有在上海陸家嘴金融中心的中國總部，也有16家工廠、北京研發中心，鑿開三座山開出的大數據中心。

　　2015年中國進出口排名，光是兩家富士康集團內最大公司 —— 鴻富錦精密電子（鄭州）和深圳富士康公司，就各占中國的第2名和第4名，提供100萬個就業機會。

　　30年間，郭台銘能成就如此事業，最重要有下列原因，而且這些還可能支撐他在未來20、30年在中國繼續闖蕩：

　　一，悉心打造政商人脈，增加影響力：例如
2007年在第三屆兩岸經貿文化論壇，他跟隨連戰
前往，中共總書記胡錦濤與他握手22秒，廣為新
聞界報導。胡錦濤至深圳視察，又去參觀了富士
康。去年郭台銘帶著蘋果電腦庫克總裁與現任總
理李克強，商討在深圳設研發中心。

我最近形象不太好

　　在中國，郭台銘講話實在、有親和力，而且
有適時的幽默，例如在與胡錦濤會面時，眾家記
者都追問，到底對總書記講了什麼，後來傳出是
「我最近的形象不太好！」這句調侃話。緣起於當
時《第一財經》發表了「富士康罰我站」一文，
引起國內外媒體關切富士康的軍事化管理。

　　郭台銘在中國還有個很有名的短片，名為郭
董暴怒七秒片，原來郭台銘極注重工廠安全，常
常微服巡視。這天他遇到一個工人在抽菸，便命
令工人立刻熄菸，沒想到那員工說：「你誰啊！干
你×事！」郭台銘生氣至極，喊來了事業群總經
理陳振國，厲聲說道：「你不修理他，我修理你，
我們富士康不要這種員工！」

　　近年來，郭台銘與阿里巴巴創辦人馬雲惺惺相惜，一個做實體，一個做虛擬，但兩人彼此學習良多。馬雲從鴻海看到製造業也是大有學問，郭台銘常勸馬雲，阿里巴巴應該要大量打假貨，自己的工廠可以幫他們生產真貨。

　　他在中國大陸的處女演講，獻給了馬雲創辦的湖畔大學，講題名為「成功者的領導」。但是他一開始就轉變角度自謙，我不算成功，所以還不能說如何做成功的領導者，但是我可以說什麼是不成功的領導者，他們是不身先士卒的領導；遇事推諉的領導；希望討好每個人的領導；朝九晚五的領導；賞罰不分的領導。學員聽了都覺得值得警惕。

　　在台灣，大家對郭董的印象，多是有錢、敢講話，喜歡批評政府，但是在台灣以外，他更享有專業盛名。2016年他在大陸頻繁演講，在貴陽大數據博覽會裡，中國總理李克強讓他第一個致辭，不是因為他來自境外，而是他做的是中國最想升級的製造業，以及全公司都具體實踐中國政府倡導的工藝精神。

　　絕非只是戴紅帽就可得到這樣的名聲。

二，**深懂員工心理，恩威並用**：和在台灣一樣，富士康極注重績效，績效好的員工不但獎金多，而且升遷快，很快能從現場作業員升到領班，甚至可以坐辦公室，成為採購或稽核。

他也深感自己與中國員工共存共榮的使命感，「給已經吃飽的人一碗飯吃，不但用處不大，而且他也不會感激你；但是給餓肚子的人一碗飯吃，他不但會全力以赴，而且還會感謝你！」

「人沒有天生的窮命和賤命，只有你是用什麼樣的心態來磨練自己。」郭台銘說。

▌明年我們一起見總書記

他的獎勵還深諳中國國情，2000年2月22日，江澤民總書記視察了富士康集團。在當年的績優員工分享會上，郭台銘將與江澤民總合影的照片簽上名，送給績優員工。照片上有郭台銘寫的一句話，共10個字「下次我們一起見總書記」，然後是郭台銘的親筆簽名。

「他深懂中國情勢，分寸掌握得好，才能趁勢而起。」一位離職員工指出。

　　三，員工有充分學習及升遷機會：徐明天為撰寫的《喬布斯蘋果樹長在中國》一書，親身進入深圳龍華富士康廠區。很意外地，台灣人視為苦差事的工作，但是對這些從中國鄉村來的中專畢業生，卻是磨練的好機會，甚至在這裡找到歸屬感，只要熬過訓練期的苦活（最主要是磨練富士康的螺絲釘精神），公司會給你很多機會。

　　一位湖北來的員工郭先東，剛來富士康時仍是20歲的小毛頭，他跟隨富士康成長近20年。打從剛開始進來做模具工，他就感佩於富士康的先進機械，例如CNC自動加工中心、自動化銑床、光學研磨等等，「哇！我們都驚呆了，這麼多先進設備，在學校只看過車床、刨床，而且機器落後陳舊。我們一起來的11個同學全都大開眼界。」他說。

▎鄉下小子出國進修

　　接著他們跟著台灣的師傅學習，師傅很嚴格，5個人跟1個師傅，不但實地學，而且還有教材，教材從美國、日本翻譯而來，厚厚幾大本，比學校豐富很多，但考試頻繁，3天一小考，10天

一大考。

郭先東和同學一起，從模具工到師傅、工程師，做遍深圳的富士康廠，2001年10月他還被派往美國洛杉磯的富士康研發中心學習工作9個月，去蘋果、IBM、英特爾等國際大公司，和一線主管面對面談話，又一次大開眼界。

郭先東不是特例，到2007年為止，富士康已經派了1萬名員工到美國、捷克、巴西、日本，甚至印度、巴西等地，幫助富士康不斷建新廠，學製程、操作機器、培訓當地員工成為郭台銘的成吉思汗百萬大軍的一員。

郭台銘對大陸幹部非常重視，今年在深圳開檢討大會時，有幾場台幹都不能發言，全部讓陸幹發言，「這樣我們才能真正聽到他們的心聲，檢討到真正原因。」郭台銘說。

要複製工廠，就先要複製人才，因此富士康和普通台商不一樣，不是只因為工資便宜而來，是有大鴻圖而來。只有中國這塊土地，才能容得下他的旺盛企圖心；很多事，也只有在中國才做得成。

▌員工成長，公司才會成長

富士康在2008年投資50億台幣，從美國德州大學請回工業工程博士陳振國擔任校長，與中國著名大學清華、北大、中國科大、哈爾濱工業大學、上海交大、西安交大等多所國內知名大學聯辦富士康IE學院。現在是中國最大的「民辦大學」，深圳IE學院總面積有6.8平方公里，等於2.5個大安森林公園。設有工業工程、電子工程、自動化、機械工程、模具、軟體、材料、物流、機電一體化等多個專業。這所大學既供富士康員工進修，也可供普通大學學生就讀，在學期間就在富士康實習。學歷受中國教育部認可，有碩士、大學本科和專上生。

一個碩士生的費用3至4萬元人民幣，本科生1.5萬至2萬元，費用全由公司支付。專科生的費用為8,000元左右，由學生支付，但公司給予一定數額的獎學金，學習好的員工差不多能拿到全額獎學金。

要追求百年霸業，經驗傳承很重要，一位離職部屬表示，鴻海人非常熱心於傳授經驗，不但有正式的課程，也有非正式的課程，例如跟著前

輩學習，他們恨不得你趕快學會當家本領，這樣他們就能有替代人選，可以做更上層的事。

雖然人力、物力耗費不貲，但是IE學院為富士康培育大量中上層幹部，使得富士康在世界各處開廠、開研究中心，開拓市場，都有足夠人才可以因應。

▌13連跳事件

就在郭台銘在大陸飛速開展業務時，卻發生了深圳工廠的13連跳事件，在2010年開春過後，接連13個工人從樓上一躍而下，有的重傷，有的死亡，絲毫不惋惜自己的青春。

於是各界交相指責富士康剝削勞工，血汗工廠。激情已過，富士康連跳事件說偶然是偶然，說必然是必然。

有的批評說富士康違法剝削勞工，但以富士康在中國的經驗，不可能違法，工人加班一定給加班費。該有的防護一定做到，安全鞋、護目鏡、手套，不一而足。但是富士康為了趕工，一意追求效率，分工分得很細，工人太機械化。一位四川來的工人賈江在徐明天所寫的書裡說，他

以中專身分（台灣的高職程度）進入富士康，第一份工作是去毛刺，把剛剛沖壓出來的一些手機零件，用砂紙等工具打磨掉毛刺，非常簡單，沒有任何技術。但是要求的速度很快，做一兩天還沒有問題，但兩手不停地重複同一個動作，一天之內手指和雙臂都腫起來，有人兩天就走了，有人一個星期就走了，一個月內走了1/3的人。

《南方週末》實習生採訪富士康工人李祥慶說：「就站在機器前，『罰站』8小時，一直工作。站著的時候，如果有東西掉了彎腰去撿，恨不得一直有東西掉，一直不用站起來。累到要是可以躺一分鐘，那就是天大的享受。」富士康工人看到同事工傷，會叫好過癮，因為這樣可以休息一個月，還拿薪水。

自殺原因錯綜複雜，但肯定的是生產線單調，將人「物化」，導致人的疏離、鬱悶、沮喪。美國在福特汽車發明了流水生產線後，很早就有學者批評，企業應該犧牲部分效率，將工作分配多元化。

其次，此時到富士康「上崗」的工人，已大異於早期的農民工，不是有份工錢就夠滿足了。80後的工人，要求遠多於此。精神上的需要和物

質需要同樣重要。

富士康工人每天上班、下班、睡覺。同寢室的人不知道彼此姓名，每天來往於廠房和宿舍之間，過的是鐘錶一樣的生活，每平方公里聚居了約15萬人的狹小空間裡，人和人卻似碎片一樣存在著。法國社會學家涂爾幹在他的《自殺論》談到，個體的社會關係愈孤立、愈疏離，便愈容易自殺。

媒體報導也有渲染作用，一些人發現，部分起因是2009年下半年，守衛誤打死一名工程師孫丹勇，懷疑他偷了iPhone樣品，郭台銘覺得很難過，給予撫卹金25萬元，也可能有些農民工覺得可以為家裡掙些錢，一時抑鬱而想不開。有位跳樓的工人在自殺前，曾給家人短信：「我去後，富士康會給你們撫卹金，也會對家裡有些幫助。」

這也是後進國家要追求生存的宿命吧！

但是從此次事件中，也可看出富士康危機處理經驗太不足，等到8連跳時，郭台銘才趕到深圳，開始緊急全面作業，做心理諮詢，員工緊急專線，取消死亡補助，帶領媒體參觀富士康設施。

當他面對召集所有在大陸幹部在龍華廠開會，一位部屬說那可能是郭董此生最沉重的時

刻。他的睡眠不足，臉色發黑，眼睛布滿紅絲，但是他說，我們一定負責到底，請各位同仁安心工作。

那時，誰都不知道下一刻是否有下一個員工跳樓？從哪個廠區跳下去？從哪棟樓跳下？

最終解決方法是老方法，在工廠及宿舍外面裝網子，樓梯間也裝，等於每棟樓層都設下天羅地網，「我們把所有大陸的網子都買來了，買不夠的就來台灣買；台灣買完了，就從東南亞買；務必使在廠區內工人無法跳樓。」當時的副總裁程天縱說。

▌鐵皮屋裡90天

新婚不到兩年的郭台銘在深圳工廠裡的鐵皮屋待了3個月，雖然有宿舍，但是他覺得不方便，就在辦公室外的床上睡覺。他知道這百萬大軍，軍事化管理，終非長計，首先他給工人加薪，前後兩次，達一倍多，另一方面他趕緊研發機器人，打出百萬機器人口號。機器人不會示威，不會自殺，不會鬧情緒，5年內可以回本。

再來，他大量遷廠，從深圳遷往河南鄭州、

四川成都等地，更遠至新疆甘肅等地。「天無三日晴、地無三里平、人無三兩銀」的貴州，過去一向給人土壤貧瘠、天候不佳的感受，發展也相對緩慢；不過近年一躍成為中國的重點發展地區，貴州均溫攝氏20度，富士康在此建立了iPhone生產中心，但更值得注意的是第四代工廠園區，裡面碳排放最低，所有物質都能循環使用（這也是蘋果電腦的要求）。

在此，富士康挖空了3座山，做為大數據中心。鴻海副總裁吳惠峰解釋，許多資料中心都用太陽能、風力供電，但富士康團隊認為太陽能、風力也是破壞生活的一種，團隊在貴州設計院的配合下，研究了過去幾十年的貴州氣候，找出了非常適合建立資料中心的一個埡口，這個埡口四季都能夠產生每秒2至3公尺的風速。經過多方努力配合，在進行模擬模型類比後，證明了建立資料中心的可行。

大數據牽涉的層面既深且廣，從硬體的伺服器、儲存設備、交換器、晶片，一直到軟體的應用程式、服務、甚至各種商業模式等，這些產業在全球已蓬勃發展。富士康動工8個月完成一個完全用自然方法產生冷卻，不破壞生態的資料中心。

目前富士康在大陸工人已分散，製造業這塊表現穩健，該出局的出局。這個市場打到最後，只有活下來的人可享受殘存者利益。

█ 打造下一代未來科技

郭台銘轉而開始成為未來科技的傳教士和實踐者。去年他在大陸發表演講，說他和中國一般網路業大老相異，他們說的是互聯網＋，就是什麼行業都要走往互聯網，才有前途，但是郭台銘卻獨創＋互聯網，就是硬體為先，加上互聯網可以做更廣泛運用，提升公司競爭力。

中國最近也瞭解，虛擬經濟已經到了頂點（大陸創業家喜歡吹牛，也吹到別人聽膩的階段），瞭解到實體經濟的重要，最近中國大陸兩會（每年舉行的一次政治協商會議及人民代表大會）就在討論實體經濟應該如何發展，才是國家向前進的硬道理。

郭台銘說，未來是實體甚於虛擬的時代，實體就是你點碗麵，要有麵在前面，吃到嘴，好吃才行，虛擬經濟成長有限。而且在中國市場已經被大咖，如阿里巴巴、騰訊、百度所占據，但是

未來智慧家居、科技載體需求不斷，鴻海仍然要往2023年10兆營業額邁進。

此時的鴻海也不斷投資新創公司，例如投資李開復的創新工場5億美元（合台幣150億，剛好是他捐給台大癌醫中心同等金額），2016年9月他投資了中國版UBER的「滴滴打車」1.2億美元，是繼蘋果電腦10億美元以來的最大投資之一，成為大股東之一，還投資人工智慧新創事業「出門問問」。

出門問問是Google投資的一家中國人工智慧公司。擁有自主研發的語音辨識、語意分析、垂直搜索、基於視覺的ADAS和機器人SLAM等核心技術。這個公司通過軟硬結合產品落地到生活場景，來打造下一代的人機對話模式，因此郭台銘在廣州展示夏普機器人Robohon時，講一聲「你好問問，打開電視」，電視就打開了。

從來是一石二鳥、三鳥，甚至四鳥的郭台銘，目的是分散風險，只要裡面有一兩個小金雞，就很值得了。另外此舉也助鴻海瞭解產業趨勢，例如AI人工智慧，FinTech金融科技等，他們更投資了很多創投公司，這樣更能瞭解產業前沿趨勢，和國內很多被動接單削價競爭的廠商有很

大不同。

▌別讓郭台銘跑了

　　中國對鴻海未來百年霸業既是市場也是工廠。2017年夏普電視世界銷售目標1,000萬台，其中中國就占大部分，郭台銘特別指定老部屬陳振國任電視部門主管，要在中國推廣夏普品牌。像去年光棍節，夏普電視推買大送小促銷後，夏普還成為湖南衛視知名節目「歌手」的合作夥伴。這是夏普第一個贊助的音樂性節目，希望透過湖南衛視的高人氣，打響在中國消費者的知名度。

　　陳振國在2017年新春回台灣時，談到新職務的壓力與興奮。他說，夏普的8K電視讓湖南衛視和歌手們驚豔。

　　此外，鴻海也與潤泰集團旗下大潤發攜手合作，透過大潤發龐大銷售通路，全面擴大販售50吋至70吋的夏普電視。

　　鴻海還有一個資產是員工，不管是離職或現職，都可做富士康的小老闆，只要介紹買夏普產品，就可以得佣金。有裝配技能的員工將來回鄉還可以幫人裝修，「未來會是智慧家居時代，你要

什麼貨，我們到府裝配。」

　　現在，中國大陸反而怕郭董跑了，看到他到印度設廠，要雇用百萬勞工，很多人擔憂這是中國製造業的噩夢。中國工資上漲過快，稅賦太重，企業負擔的社保（類似台灣的雇主勞保）也太重，看到他去東南亞印尼設廠，中國更感受到危機，中國的製造優勢流失太快。

　　3年前經濟熱門話題是「別讓李嘉誠跑了」，2016年底大家開始談「別讓郭台銘跑了」。

　　12月中大陸自媒體微信公眾號「悅濤」（顯然是有影響力人士的自媒體）發了一篇「不要讓富士康跑了」的文章，廣為大陸媒體引用，直指中國綜合成本已經不占多少優勢，若只沉迷於炒作與投機主導的泡沫經濟，希望一步登天，富士康沒有理由留下。

　　以前大家覺得富士康是低階的血汗工廠，應該趕緊離開中國，但他們卻不知道，富士康是大陸改革開放以來工業化最扎實的成果，在這個全民炒泡沫講故事的環境裡，中國實體產業真正有機會升級的，是富士康這樣有積累、有資源、有生態連接能力的傳統企業，而不是那些追逐風口的「新興產業」。

　　文中並說，富士康營業額已是中國4家頂級科技公司（華為、騰訊、阿里巴巴、百度）營收的總和，全球有40%的消費性電子產品都是由它製造，且連續十幾年霸占中國出口第一，頂尖的企業搶著跟它做生意。

　　文中也說，中國製造想轉向中國創造，並非淘汰富士康，而是讓它在中國土地裡開放化、平台化及智能化。一步登天的夢總是要醒，因為富士康不止是富士康而已，對中國廣大的中小企業來說，如果富士康跑了，登天的梯子也沒了。

　　真是此一時，彼一時也。

VOLUME 2

回眸鴻夏戀

鴻海與夏普不是台灣企業買日本企業。
鴻海是全球企業，夏普也是全球企業，
這是兩家跨國企業的合作。

1月初，《日本經濟新聞》選出日本2017年最活躍的4位企業家，其中兩位是外籍人士，一位是郭台銘，另一位是日產汽車總裁高恩。「鴻海將會使得夏普成功再生，郭台銘是家電業的高恩，將能跟他有同樣的地位。」《日經新聞報導》。

郭台銘才入主夏普不到一年，就獲此榮耀，而高恩已在日本耕耘15年，這是郭台銘在日本主要媒體第一次受到如此推崇，日本媒體尤其對郭董強勢主導夏普再造，極為讚賞。的確，「日本人佩服成功者，強勢文化如能成功，他們就能夠掌管弱勢文化，」熊本學園大學華裔教授喬晉建說出日本愛戀強者的情結。

▌夏普，鴻海化

最先反映的是股市。2016年夏普股價從80日圓狂升116%，今年開年又升了10%，改寫2年新高紀錄，直逼2014年11月中創下的300日圓，現在又破400元大關，等於漲了4倍。

為了重整日本夏普，他派出愛將戴正吳擔任社長，郭董主導重要策略，戴正吳忠實執行，4月2日簽約後兩人立即全球馬不停蹄，收回品牌代

理權，重整夏普，控制成本，將公司營運正常化（也就是日媒所謂的鴻海化）。「過去幾年，公司裡部門各自為政，呈現無人管狀態。」戴正吳在接受記者訪問中指出。

如此正面氛圍，和一年前大相逕庭，當時很多小報把郭董形容為中國間諜：「來日本偷技術，出爾反爾，沒有誠信。」網路上一則調查：鴻海入主夏普後，會不會再買日本產品？答「不會」的日本人有60%。

他的負面評價加上夏普的反對購併派，及通產省，再加上網路上的極右派匯流起來，使得郭台銘的負面消息遽爾傳遍日本，影響日本人對郭台銘的觀感。同一時間，台灣很多人也對郭董要買夏普視為自不量力，不可能談成，想偷日本技術。「不知道台灣人為什麼這樣看不得人好，這麼沒信心。」郭台銘有一次在電視專訪中談到。

不管什麼氛圍，郭台銘從2012年開始，一意談夏普購併案，不管挫折、逆境，終於談成。

2017年是鴻海的品牌元年，制定了2017反攻計畫。在家電業普遍不景氣中，立下夏普電視年銷售1,000萬台目標。2016年，在中國大陸雙11購物節，夏普電視初試啼聲，打出買一送一，一舉

就成交了60億台幣，2017年，郭台銘制定天虎計畫，要挑戰中國廠牌美的、創維，也要挑戰宿敵三星。三星做為韓國企業，有中韓貿易協定，可以享有關稅優惠，夏普是日本公司，日本現在尚未與中國訂立自由貿易協定，他必須搶在此前，占有市場。

緊接著，郭台銘又以堺工廠名義，與廣州市政府簽約，投資2880億元台幣，進駐廣州增城，首先建立10.5代面板廠產線，2018年中投產，目標一年半，雖然現在中國大陸有京東方、華星都要投產10.5代，而且已開建兩年，郭台銘決心要與這些廠家同時完成。

今天，郭台銘在購併夏普後，已經走出成功的第一步，但是「要說完全成功，還要至少五年才能算。」一位科技界人士指出。

但不管如何，鴻夏戀是一場商戰，也是人性之戰。

這場戰爭訴說著，近20年，兩國國力興衰，產業更迭，兩家企業生死存亡戰，以及其中企業人的生命故事。這場戰爭可以當產業讀，也可當國家競爭力讀，也可當個人職涯發展來讀。

█ 我們沒做錯什麼，但是輸了

　　日本在1990年代開始失落的20年，錯過了電子產業，包括電腦、半導體、面板的新機會，「對新科技，很多國家剛開始沒有看見，接著不願意看；看到了後，又看不懂；看懂後，要追，卻追不上了。」目前經營創投事業的程天縱說。

　　夏普百年企業，在2008年前還是一家模範企業，不到5年就淪落到虧損累累，破產等著被收購，成為這家百年企業僅剩下的兩個選擇。企業領導人讀到夏普的故事，應該如臨深淵、如履薄冰。

　　曾經主導手機產業的霸主諾基亞被微軟收購時，當時的CEO說了一句話：「我們並沒有做錯什麼，但不知道為什麼，我們輸了。」語畢，許多與會的高階主管與資深員工潸然淚下。諾基亞終究敵不過趨勢的浪潮，殞落在沙灘上。

　　是啊，諾基亞並沒有做錯什麼。但，這樣就夠了嗎？

　　不做什麼也是錯。諾基亞高層人士早在iPhone面世前兩年，就知道了，但是他們認為智慧型手機不會成氣候，沒想到iPhone面世10年，改變了

整個世界，也推倒了這個一世霸主。

同樣夏普日本管理層一意著重技術改進，推升了產品價格，但是消費者並不覺得值得付高價買電視等產品，而夏普此時還在一味擴充產能，結果生產愈多，虧錢愈多，最終只能出售公司。

因此不犯錯，不能保證公司榮景，這是個鯊魚經濟的時代，「你要麼進攻，要麼就死亡！」作者史蒂芬・安吉瑟斯說道。

CHAPTER 6

學習百年企業

成功是最差勁的導師，只會帶給你無知和膽怯，卻不能帶給你下一次成功的經驗和智慧。

———— 郭台銘

「我要從夏普那邊學到成為百年企業的因子，今年鴻海只有42年。夏普必須持續創新100年，在世界上持續成功。」郭台銘在2016年4月2日鴻海與夏普正式投資協議的記者會上說，「100年歷史不是簡單的事情，我也想從這裡面學習。」

這天對郭台銘說來，是個大日子，他30餘年的夢想終於實現。當天早上他與鴻海副總裁戴正吳及一行鴻海、夏普員工，前往廠區內的稻荷大神神社祭拜。稻荷大神在日本是保佑五穀豐收、生意興隆的神明，郭台銘每次來夏普旗下顯示器公司堺工廠（Sakai Display Products，簡稱SDP）都會前往參拜。今日是簽約重大日子，郭台銘自然也不例外。

▎從歷史走來的堺市

鴻海夏普此次簽約，是台灣和日本的世紀大事。筆者很久未去日本，一來日本經濟自從90年代泡沫化之後，已不若當初舉足輕重。二來，似乎近期內也無太多復興的可能，安倍對日本經濟已經圖窮匕見，無法可施了。但去年7月初，筆者去了一趟日本，還是發現日本身處全球化中的變

與不變，仍然非常值得常陷於井底之蛙的台灣參考，它固然有哀愁，也有諸多美麗。

印象最深的是，在電車上及新幹線上，還是看到很多上班族手捧書籍或雜誌，求知的熱情仍然從平面媒體得來，不像在台灣，或者中國大陸在公共場合幾乎都看不到看書的人，人手一機，都是滑手機的低頭族。

日本的地名很有古意，訴說著這個地方的歷史淵源，就連鴻海選擇的簽約地，夏普堺工廠的所在地 —— 堺市，都大有歷史。

堺市鄰近港口，自古以來的商人都會集中這裡做買賣。15世紀後，與葡萄牙通商，有東方威尼斯之稱。堺工廠所在地叫堺町，盛產菜刀，冶刀師傅每天要在溫度1,000度以上的冶爐前煉鐵多時，但是煉出來的刀每把都不同，有如藝術品，所以很多日本廚師指定要用堺町刀，尤其是切生魚片時。後來冶鐵術運用在煉鋼，然後發展汽車業，成為工業重鎮。

歷史上堺市屢出名人，例如日本茶聖千利休（1522~1591），帶動多項茶具商機。2014年在台灣上映的「一代茶聖千利休」就是講述這位大師的生平故事。千利休19歲出家，精研茶藝，先後侍

奉織田信長與豐臣秀吉，獲封第一茶匠，從此往來求茶者如織，但也開始驕矜自恃，認為天下美學由他定義。因而被豐臣秀吉賜死，在茶室裡切腹自盡。

千利休的名字是天皇所賜，就是勸誡他，銳利也要適可而止。千利休的故事也具體而微的說明了日本文化講究群體表現，人只能做團體的一份子，「凸出的釘子都要被打下去」。

400年後，穿越時空星野，夏普在這個約20個小巨蛋的地方蓋起了世界最先進的，也是全球唯一的第十代液晶面板廠，名為堺工廠，後來成為獨立企業，專門生產大型液晶面板及太陽能電池等。在2009年開始營運後，競爭力不敵台灣、韓國，連續巨幅虧損。

2012年，在鴻海投資夏普前，郭台銘個人投資660億日圓，取得該公司37.61%的股份。2013開始轉虧為盈，開工率85%，營業利潤率達8%，日本企業界開始對郭董另眼相看。

鴻海決心要從這裡起家，打入日本市場。日本顧客挑剔，日本商人不輕易信人，如能立足日本市場，就能打入全世界市場。

夏普到底是家什麼樣的企業？它有什麼輝

煌，又有什麼滄桑？

▋ 命運乖戾，一歲被棄

　　早川德次，夏普創辦人，命運乖舛，他1歲被棄，養母5歲過世，小學尚未畢業，就得去當學徒，19歲創業，29歲時，遇逢關東大地震，妻子、兒子過世於大地震。全家就只有他一個人存活，房子和工廠都倒塌了，破產，只剩下他孑然一身。但是生活就是生下來，活下去。於是他前往大阪，重起爐灶。古羅馬時代著名的哲學家、政治家塞內加說：「勇氣通往天堂，怯懦通往地獄」。

　　日本橋，離東京車站不遠，是江戶文化發源地，現今聚集了精緻的精品店、小酒館，很多企業總部及金融業亦羅列其中。橋兩端蹲踞著青銅色的神獸、獅子、麒麟，像是守護著來來往往的人。城市甫一甦醒，這座橋立即陷入塵囂熙攘中。

　　20世紀初，這裡是個漁獲交易地。每天，一位十餘歲的男孩、夏普創辦人早川德次背著沉重的貨物走兩、三公里路，佝僂著背，營養不良的臉，經過日本橋到目的地。

　　早川德次和同時代的松下幸之助有著共同的生命故事，跨海向南的台灣，也有著經歷與之相似的台塑創辦人王永慶、統一創辦人高清愿。他們都生於19世紀末，貧窮、三餐不繼，小時離開家做學徒，後來成就世界知名企業。

　　但早川的身世比他們都坎坷。早川於1893年11月3日生於東京，父母從事製作販售矮桌的生意也做裁縫為副業，他是家中排行老三，母親早川花子積勞成疾，所以早川還不到2歲，就被送到肥料店的出野家當養子。2年後，他的養母猝死，出野家主人續弦，德次常受「後母」虐待，小學二年級就輟學，8歲的他被迫從早到晚幫忙做貼火柴盒的手工作業。

　　鄰居一名盲人女性看他可憐，安排他到一家金屬飾品店當學徒，學得金屬加工技術。這裡成了他命運的轉捩點。

▌流著汗水的天才

　　他在金屬店裡，學得打造金屬飾品的工夫，1912年才19歲的他憑創意，打造了皮帶不用打洞就可調節使用的金屬扣帶「德尾錠」，這是他第一

個發明。接到很多訂單後，1912年創立金屬加工
公司，與兩名員工日以繼夜地打拚，隔年發明新
型水龍頭，取得專利，商品大賣。

　　早川德次1914年結婚，工廠逐漸擴充，員工
增加，新添了機器，使效率大為提升。後來他與
哥哥重逢，一同工作，由他研發商品，哥哥負責
販售。早川德次起初製作鋼筆的金屬環等，後來
受託製作自動鉛筆內部零件，他打造出後來的自
動鉛筆，這支筆（Every Sharp Pencil）成了夏普社名
的由來。

　　早川德次是天才發明家，但是天才必須加上
汗水才能成功，在日本作家平野隆彰寫的《打敗
無常的命運：夏普之父早川德次傳》裡面描述了
這段發明自動鉛筆的歷程。

　　在街邊的小作坊裡，一個男人正在昏暗的燈
光下埋頭苦幹。遠方傳來了破曉的雞鳴聲，但全
神貫注的男人卻什麼都沒有聽到。從晚飯後他就
一直不眠不休地工作了三天。他時而把細金屬棒
對著燈泡看裡面的小孔，時而對著操作台前的圖
紙深思。前一刻還靜止不動，後一秒鐘又迅速開
動機器打磨金屬棒。在將試作品無數次地組裝分
解之後，他腦中突然靈光一現！最後一個步驟，

靠著從幼年起就接受嚴格手工藝的訓練，早川德次終於做成。

在天空泛白之際，他大叫著：「做好了！我成功了！」早川德次從椅子上站了起來，右手舉著一根10cm左右的金屬棒目不轉睛地看著。他的眼睛紅得如充血一般。這便是後來被稱為夏普鉛筆「早川式金屬自動鉛筆」的誕生。他說：「被人教會的，只是淺薄的知識。自己苦思的學問，才是真學問。」

但自動筆誕生後，道路仍然崎嶇，那個年代日本仍穿著和服，而筆並不適宜插在和服上。一些批發店由於金屬觸感冰冷，不願意代理，德次走遍日本大城市代理商，都遭受冷漠以待。但早川式金屬自動鉛筆銷到歐美卻大賣，日本人才對他的產品有了信心。

就在公司蒸蒸日上時，命運還是找上了他。

1922年早川德次積勞成疾，病倒了，得靠注射特殊的血清保住性命。1923年9月近8級地震震動了日本關東一帶並殃及全國，地動山搖引發了火災、海嘯和泥石流，把東京、橫濱變成了一片火海，死亡加失蹤人口有14.2萬人，多名皇室成員因房屋倒塌而亡。早川德次的妻子和兩個孩子也

不幸罹難，工廠燒毀。他力圖東山再起，遷居大阪，自此成了大阪商人。

▌ 創造讓別人模仿的東西

「在痛苦頹喪時，望著遠方的星星，抱持希望活下去。」早川德次在最困難時，說出了這句名言，1972年日本作家石濱恒夫就以「遠方的星星 —— 早川德次傳」為名撰寫傳記，1973年日本大阪朝日座劇場推出戲劇「遠方的星星」，是這座劇場首度推出的商業戲劇。

遷居大阪後，早川德次成立「早川金屬工業研究所」（1936年改名為早川金屬工業、1942年改名為早川電機工業株式會社），製售鋼筆的附屬金屬物。

二次大戰後，因物資缺乏，且金融緊縮，公司的經營持續陷入困境，但不管如何困難，早川德次堅持不裁員。這也是日本各界在鴻海購買夏普最注重的一點 —— 會不會裁員？郭台銘當時表示要裁員數千人，埋下日本人對他不信任的種子。

1949年早川電機在大阪證券交易所上市，但隔年經營出現嚴重虧損，面臨破產。銀行提出追

加融資的條件就是要他裁員，但他說「如果要裁員，乾脆解散公司。」員工都說不能讓公司倒，在眾志成城，一致努力之下，後來獲得銀行融資，東山再起。

1950年隨著韓戰爆發的特殊需求，早川認為有必要推出多元化商品，除了收音機之外，也陸續推出電視機、電子計算機等家電。夏普奪得多個全國第一，1953年出售日本國產第一台電視機，1962年販售日本國產第一台微波爐，1964年研發全球第一台電子桌上型計算機CS-10A。

1970年元旦，早川德次將社名「早川電機工業」改為「夏普」。同年9月15日他退居為會長（董事長），女婿佐伯旭繼任社長。早川德次於1980年6月24四日去世。

早川德次留下多句名言，他的口頭禪就是「要創造讓別人模仿的東西」，因為他認為值得別人模仿才證實這就是人們要的產品，他的經營理念是「誠意與創意」。

早川德次留下來的夏普傳統：不求近利，務實謙虛。1970年代，大阪府千里地區舉行萬國博覽會，同行都興高采烈去參加，但是當時社長佐伯旭（早川的養子，也是女婿）和一些高階主

管，卻認為與其花15億日圓去參加博覽會，半年展出後，就一切歸零，還不如將這筆資金投入在研究發展中，於是他們到大阪附近的天理，買下了大片土地，建立夏普中央研究所。所以有「從千里到天理」的美談，就是放棄去千里出鋒頭機會，而去天理做腳踏實地的研究發展。

當時的夏普只能算裝配公司，沒有能力生產CRT映像管、壓縮機、半導體等關鍵零件，只不過買進零件加以裝配，靠著多年經營的品牌，爭取市場占有率。夏普上下齊心，發誓要擺脫裝配公司標籤，蛻變為生產零組件的全能製造商。

天理是日本天理教發源地，附近商業活動稀少，禁止色情、賭博，連柏青哥都沒有，在這裡可以練就心境單純。夏普中央研究所坐落在市郊的一個小山上，整齊劃一的宿舍、體育場，裡面唯一有些行銷意味的是中央研究所的展示中心，接待的大多是學校、公益團體、國外科技企業等。

一踏進展示中心大門，就看見「聆聽造物主聲音」的牌匾，為筆者導覽夏普各項發明的，是曾擔任小學老師、聲調高亢的組長中谷友美。夏普在1970年以後的發明液晶螢幕、電子計算器、桌上型電腦都是當時各研究員在這裡焚膏繼晷，

殫精竭慮，勤學窮究出來的。

▌自由開放才能發明

頭髮已灰白的矢野耕三，5年前為郭台銘所延攬設立日本富士康技術研究所，從大學畢業就進入夏普工作，幾乎40年。他與團隊發展出風行一時，家家戶戶都有的液晶電視，在那以前是液晶電子計算器，他經常在實驗室待到半夜，等結果出來，才放心回家，太太經常為此抗議。

而在展示中心裡的新產品，研究員也確實有「聆聽造物主聲音」的謙虛，例如吸塵器是模仿貓的舌頭（舔東西最在行）設計的，因此吸灰塵會特別著力。研究員模仿蝶翼做成的電風扇扇葉，風大而且省電，另外一些扇葉則模仿鳥翼做成的，達到同樣目的，種種例子不勝枚舉。

很多夏普人員翻開一頁頁記憶，當初夏普內部自由創造的風氣，就會躍上腦海。高層願意聽取部屬意見，尤其年輕人的想法及觀點，很多人都自動加班。撰寫《鴻海為什麼要買夏普》一書的前夏普研究員中田行彥說，在中央研究所裡，每位主管每月只與員工開一次會，報告進度，其

他時候很少要研究員報告。

夏普以製造家庭電器聞名，在女性備受歧視的日本，夏普卻對女性員工非常重視，因為她們擁有家庭購買決定權，研發人員往往從她們那裡獲取大量靈感，發明新產品，改進舊產品。例如中央研究所1/3員工是女性，開會時女性都坐在前排。讓她們暢所欲言。

在種種機制交疊運用下，在1970到1980年代，夏普推出很多又實用又好用的產品。例如第一台可以左右雙開的冰箱，大幅節省廚房空間，在狹小的日本民宅中很實用。也推出水波爐，適合烹調東方食物。郭台銘現任太太曾馨瑩，就特別喜歡夏普的吹風機，覺得吹起來頭髮特別順。日本女孩小巧精緻，非常注重髮型，走在日本街頭，或披肩長髮微捲，或盤在腦後，各有千秋，看起來都是出自自己手中（因為美容院極為昂貴，日本女孩從小就學習如何打理自己頭髮），所以日本的吹風機特別講究，不在話下。

郭台銘在這半年間與夏普員工接觸，最佩服的是夏普員工有奔放的熱情，自由的嚮往，再加上對組織的忠誠度，所以夏普領導人每有緊急動員令，往往全員以赴，液晶的研發、商業化，用

在電算機、電視、手機，以至夏普獲得「液晶之父」的美名，都是日式企業員工效忠的具體例證。

在中田行彥的《鴻海為什麼買夏普》裡詳細說明了液晶技術在夏普誕生、成長、茁壯的過程，充分顯示勢在人為。

無心插柳柳成蔭

1969年，鴻海還未誕生，20歲的郭台銘正在海專讀書，而夏普研究員看到美國電機廠商RCA開發出液晶顯示器的消息。很多夏普人說自己也很想研究，但是液晶真正商品化還遙遙無期，研究用的液晶壽命太短，反應速度過慢，就是理想很豐滿，現實很骨感。

被指定解決此問題的是一位新進人員船田文明，有天他下班前，忘記將當天使用的液晶材料上蓋，就直接回家了，第二天本來要倒掉的，但是船田轉念一想，不如用來做交流電嘗試（過去都是用直流電壓操作），船田把這步驟換成了交流電壓，沒想到液晶反應速度加快，而且壽命也延長達一星期，有人問船田是湊巧，神來一筆，或者是努力成果？

　　事實上，船田一直在思考各種可能，才能在腦中靈光乍現。他也不斷關注英文學術期刊裡的論文，發現用交流電果然有助液晶效果，實驗生效後公司高層召集了55位研究人員，緊急組成專案S734用交流電開發電子計算器的商品研發，等到真正商品化上市已經又過兩年了。

　　液晶計算器只能顯示數字，要能顯示畫面如電視，又是另外一項大工程。最初研發人員只能做出3.2吋攜帶式電視，他們改用在電腦顯示器裡，並不斷挑戰8.4吋、14吋。1988年夏普宣布可以做到14吋液晶電視，從此開啟了引領液晶電視的歷史時代。最盛時一年可生產千萬台電視及顯示器，而且暢銷歐美。

　　全球最負盛名的電機電子工程師學會（IEEE），認定14吋液晶是液晶技術發展重大里程碑。從14吋到今天40吋都是夏普一路領先。

▌勇氣是生活價值所在

　　從各個層面看，2010年前的夏普都是個卓越企業。日本戰後有電機六雄，分關東三雄（三菱電機、日立、東芝）和關西三雄（松下、三洋、

索尼），二次大戰後，夏普還是個中小企業，但是1970年業界算上富士通和夏普開始稱呼八雄。夏普還躋身《財星》雜誌全球500大企業之列。

它也是創新龍頭，60到70年代，夏普以大約每2到3年一件的速度開發獨創產品，進入80年代以後開發速度提高到每年約1.4件，其中近80%產品為世界首創。夏普的經營範圍也由以往的家電產品，擴展到電子計算器、複印機、文字處理機、現金出納記錄電腦等事務機器、信息系統機器等諸多領域。先進的電子技術開發能力，在日本國內外得到很高的評價。

台灣人對松下幸之助知之甚詳，而在關西地區早川德次是僅次於松下的馳名企業家，也是松下幸之助的畏友兼勁敵。創辦京都陶瓷的盛田昭夫這時還是學童，穿著制服背著書包每天上學去。夏普也有著穩固及善良的企業文化，創辦人早川德次霸氣地說，不怕別人模仿他的產品，還要做出別人願意模仿的產品，那才證明自己的產品是顧客需要的。

而要做出顧客需要的產品，又和樹立企業精神息息相關，夏普的企業精神就是二意 —— 誠意和創意，他堅信企業必須以誠意和創意對待客

戶，給人們帶來心靈的滿足和美好的享受，而這樣才能對社會做出真正的貢獻。所以他希望後輩員工能夠具備下列五種力量：

一，誠是處世之道，應貫徹於萬事之始終。

二，和是力量，願彼此信賴、團結一致。

三，禮是美德，要互相尊敬，感恩戴德。

四，創新是進步，須精益求精，不時改進。

五，勇氣是生活的價值源泉之所在，讓我們
　　排除一切困難，勇往直前。

▌創辦人要造時鐘，而非報時

管理大師科林斯（Jim Collins）研究18家歷史相加超越2,000年的卓越公司後，寫成《基業長青》。他結論，「偉大公司的創辦人，通常都是製造時鐘的人，而不是報時的人。他們主要致力於建立一個時鐘，不只是推出產品，而是致力於構建高瞻遠矚的公司組織特質。」

夏普更有著崇高的理想，比如為何一意發展太陽能電池，在早川德次的著作裡提到，「所有的生物都蒙受太陽的恩惠，但電力卻是從發電廠牽引過來，我們頭頂上明明有如此強大的光和熱存

在，怎麼不去思考如何利用呢？我們要發展太陽能電池。」

1959年，當研究部門做出太陽能電池時，早川還特別跑到實驗室裡，鼓勵研究人員，並指示趕快商業化。今天這個太陽能電池模組S224靜靜地躺在中央研究所的展示櫥窗裡，既見證了夏普的輝煌時刻，也讓人有寂寥之感。

1963年，夏普成功量產全球首例的太陽能電池模組，此後，不管質與量都大幅邁步向前，2000年登上世界第一寶座。

同業遇有困難，夏普還會出借優秀人才給競爭對手，希望共創未來。例如1974年第一次石油危機後，日本積極尋找替代能源，政府擬定「陽光計劃」，發展太陽能，夏普當然為此中翹楚，當時盛田昭夫聯合幾家企業設立日本太陽能株式會社，研究另一種太陽能電池生產法，夏普慷慨出借資深研究團隊給他們，在其他國家的人看來，簡直是資敵。

夏普以計算機、太陽能電池和14英吋液晶螢幕3次榮獲IEEE協會的「里程碑大獎（IEEE Milestones）」，這是該協會評出的在技術領域具有歷史性的獎項。夏普是唯一曾3次獲獎的日本企業。

進階觀察 ▶ 日本的美麗與哀愁

　　日本身處全球化中的變與不變，仍然非常值得台灣參考。

　　整個國家雖然經歷20餘年經濟遲緩，但是國家還是有溫厚踏實之感。政治沒有殺得刀刀見骨，社會上日本人比台灣有禮貌，有秩序，每個人相見都有一大串問候語，不管是真是假，講久了，假話也成為真話了，而且你依循他們的軌道一舉一動，自然別人也給你同樣回報。

　　很多人印象中的日本是原宿、新宿，時髦前衛，但這只是日本的極少數，大部分人穿著簡單，但是可以看出料子都屬麻、棉、絲等天然材質，而且都熨得整整齊齊。年輕女孩很少濃妝豔抹，但髮型各有千秋，而且都是自己打理，顯示她們並不盲目追求時髦。

　　在台北，從業人員禮貌參差不齊，例如有的公車司機非常熱心，每站都殷殷叮嚀，謝謝乘客。有些卻對乘客問題愛理不理，還過站不停，服務業貴在流程標準化，讓顧客有預期到的服務，而不是每次搭公車，心情如洗三溫暖，端看遇到何種司機。

　　在日本約採訪對象很不容易，往往致函加致電多次才能成功，但是一旦對方答應接受訪問，例如本書裡所引用的化學家細野秀雄、東京大學教授等，他們必定準時到達，並且竭盡所能提供答案，輔以資料，而且一定從歷史、從全局談起，讓訪客瞭解透徹，雖然時間拖得很長，但深談之後，往往能發掘他們對問題

有其深度及細膩的觀察，不禁為之感嘆台灣還是有段長路要走。

▶ 為百年企業奠基

郭台銘也觀察，做為百年企業，鴻海及台灣企業都有太多可從夏普學習之處，例如員工的敬業精神。他看到一位技師下班後還費盡心血，把已經打磨拋光好的零件，磨得更精細。而這個物件其實是一個已經取消訂單的零件，因為這位師傅認為雖然訂單已取消，但是仍要把該做的事完成才歸到倉庫裡，下次需要用到，馬上就可取出來用。「有點愚忠，但是實在值得欽佩。」夏普的新老闆郭台銘說。

日本確實錯過了1990到21世紀初的電子時代，包括面板、半導體、手機製造，都被台灣和韓國領先。一方面日本對全球科技版圖的轉移太不敏感，另一方面遲於應變，堅持以前成功因素，例如終生聘雇制，更難趕上國際步伐。

但是日本致力創新投資還是令人佩服，例如鴻海買下的夏普，在建10代面板廠堺工廠時，沒有現成機器可買，設備都得與廠商一起開發，機器龐大到必須拆解開來，用飛機運入廠內，再行組裝。

但是先行者的代價也很驚人，10代廠一建起來，就一直虧損，因為消費者需求還沒有達到如此水平。又如夏普在2010年發展出四原色液晶電視，原本電視中只有RGB三原色，現在夏普

加上黃色，可以忠實顯現以往無法顯現的銅金色，這本來應是劃時代產品，但是價格昂貴，又逢韓國低價競爭，因此意外滯銷。電子產品講究大量生產，才能降低成本，但夏普愈生產、庫存愈多，形成惡性循環。

目前世界已經邁入另一個階段，不再以電腦為主導，而是雲端、機器人、工業4.0、VR、手機，日本細膩的工匠精神與純熟的思考，若能結合台灣的速度和低成本，應該可以開啟一個亞洲大未來。

郭台銘霸業

CHAPTER 7

從A⁺墜落的企業

遠離客戶、遠離現場,就是死亡。

———— 郭台銘

在日本大阪府天理市JR站下車，坐計程車20分鐘後，可以看到縹緲空曠的道路，空了的籃球場，空了的宿舍、空了的辦公室。縱使在近午時分，也很難看到人，更難想像這曾是全日本最重要的產業研究所之一。

這是夏普創新的心臟 —— 中央研究所，夏普源源的創意從這裡流出，匯成在商場裡的先鋒產品。但從5年前，夏普開始出現財務問題時，研究人員快速流失。當筆者問，現在還有多少位研究員，接待訪客的策略規劃部組長中谷友美說，「來的訪客都問我這個問題，5年前我回答4,000多位，4年前，我回答3,000多位，3年前2,000多位，現在我只能回答1,000多位。」日本人講話很含蓄，但語氣中仍然透著無奈。

「我已養成達觀。」夏普廣報參事植村豐土在紙上寫下「達觀」兩個漢字，針對鴻海入主夏普，可能引起的大震盪，如此回答。22年前他剛從東京大學外國研究系畢業，第一志願就是報考夏普，3萬人中，夏普千挑萬選，只選出了70位新幹部。之後，他在很多部門輪調學習，娶妻生子，派赴國外，夏普與他生命重疊，更是他的認同感來源，他就是夏普，夏普就是他。

　　而在鴻海入主前，夏普員工有著敗軍之將，不可言勇的悵惘。

　　夏普賣身鴻海，是場個體、產業、國際競爭下的完美風暴，看完成篇累牘的資料後，我不禁掩卷嘆息，104年的基業可以在虧損6年後，瞬間傾塌，管理研究所、每個大小企業都應該仔細研究，告誡自己勿重蹈覆轍。

▎解讀夏普失敗學

　　夏普也可做為「失敗學」的典型案例。失敗學自2001年日本、歐美等地學者從事研究工作以來，逐漸形成體系。在MBA智庫裡如此定義失敗學，「失敗學是一門新興的科學管理學科；以管理學為基礎、綜合企業管理、經濟學、社會公共管理、心理學、社會學、預警學、危機管理學的一門科學。」聽起來容易，但真正鑽研很難。

　　失敗學還處於待完善的學門，但我懷疑這是永遠無法完善的學門，儘管定義簡單，內涵卻分歧複雜。俄國小說家托爾斯泰的小說《安娜卡列尼娜》的第一句：「所有的幸福家庭都很相似；但每個不幸福的家庭都各有各的不幸。」

企業也如此，成功者大都有共同面目，失敗者卻各有不同。很難歸納、演繹成為系統。

這樣一家優秀企業，如何在6年間，一再淪落，最後竟至賣身？原因數不盡，表面上是因投資不當，例如大量投資液晶面板，不敵韓國和台灣，其次是產業巨變，夏普無法趕上變化。液晶和太陽能產業遭同樣命運，再加上此時高層經營人士勇於內鬥，疏於抗敵。但是最深層卻是夏普失去了近百年以來堅持的創業精神及企業文化，也就是夏普失去了「夏普」，才成為敗軍之將。

▋ 成功之中埋著毀滅的因子

我在看夏普從高處墜落的各種檔案時，腦海中一直浮現著南宋詩人陸遊的千古絕唱〈釵頭鳳〉：

紅酥手，黃縢酒，滿城春色宮牆柳。東風惡，歡情薄，一懷愁緒，幾年離索。錯！錯！錯！春如舊，人空瘦，淚痕紅浥鮫綃透。桃花落，閒池閣，山盟雖在，錦書難托。莫！莫！莫！

這首詩是南宋詩人陸遊的千古絕唱，懊悔遵

從母命，和才女妻子唐婉離異而寫出自己的懊悔情懷。

深夜讀資料時，我看到夏普高層不顧創辦人宗旨，一意擴充企業規模時，我不禁低語：「錯、錯、錯。」而看到夏普高層在公司危難時，仍然勇於內鬥，坐享各樣報酬，阻撓公司往前邁進，不禁要說：「莫、莫、莫！」

夏普的衰落，要從輝煌開始說起。英特爾總裁葛洛夫在《十倍速時代》一書說，你愈成功，就有愈多人想分一杯羹，而且一杯杯地分下去，直到你一無所有，「企業成功本身，就蘊含了毀滅的種子。」

在1990年前，夏普與其他電機公司，如索尼、松下比起來，還很吃憋，只居第五位。因為日本早期為了徹底執行產業政策，禁止廠商重複投資，因此通產省沒有核准夏普生產電視映像管，最重要組件都不能生產，夏普在電視行業裡只是個裝配公司。

但這個有著硬頸精神的關西企業，卻不甘就此蟄伏，因此在第三任社長佐伯旭號召下，公司上下都為發展液晶顯示技術而努力，誓言要在未來頭角崢嶸。

市場也證明，先行者享有豐厚利潤。如台積電成立早期身為全球唯一的專業晶圓代工廠，利潤率40%，訂單要有立委說項，才能排到時程，業務員的工作不是搶訂單，而是向客戶說不。

1988年，夏普第四代社長町田勝彥，提出高清影像宣言，堅持要透過液晶的獨特技術，將夏普推向獨一無二的寶座。這時大部分液晶面板只有8.4吋，多用於筆記型電腦，一台15吋液晶電視甚至能賣到18萬日幣，是映像管電視（後面有巨大管子，重70公斤）售價的4.5倍，獲利驚人，索尼和東芝無法與之抗衡。

▎曾經風光無限

接著町田提出美麗願景，2005年要把全日本的電視換成液晶電視，公司全員團結一致在這個願景下。30餘年在夏普負責液晶開發研究的矢野耕三說：「我們都想成為世界數一數二的大企業，所以肩負的責任很重，也需克服許多問題。其實這是日本人的一種精神，會想更往上發展。想成為第一，所以會想挑戰新事物，這條路不行就換一條路。」講話間接低調的日本人，委婉表達出

當時夏普員工的豪氣干雲。

2000年元旦，夏普連續4天在電視上投放廣告：「應該留在20世紀的東西，就留在20世紀（映像管電視），21世紀的東西就在21世紀擁有（液晶電視）。」何等氣魄！何等勇敢！一語道出世紀心情。

2001年，夏普成功推出彩色液晶超薄電視AQUOS（13吋 到20吋）， 這 是AQUA（水） 和Quality（品質）組合的名詞。視角廣寬而且有柔焦效果，畫面靜純華麗，並請來家喻戶曉的偶像，有著娟秀姣好面龐的吉永小百合做廣告，以吸引家庭主婦，夏普此時不但在日本國內，在全世界都占了90%的液晶電視市場。價格設定為1吋1萬日圓，因此20吋就是20萬日圓。夏普已成液晶電視的代名詞。

此時到2008年，夏普得到日本企業界及媒體的尊崇，譽為有遠見、有願景而且有執行力的公司，町田勝彥的聲望也達到最高峰，幾乎齊名創辦人早川德次。

夏普此時也是教科書裡「選擇而集中」的成功案例。1980年代，GE公司執行長傑克・威爾許上任後，大砍公司績效不好的部門，他認為各部

門只要不在世界上占第一、第二就不必在GE留下來，GE的各個產品必須是世界產業龍頭，否則賣掉或者停產。這就是著名的「選擇與專注」。

▌堺工廠無人能及

當時日本企業集團多採多角化經營，例如三菱商社有汽車、鋼鐵、銀行等，個個集團有如八腳章魚，涉足甚廣。最奇怪的是很多營業範圍不相干的公司都會在同一個集團裡，例如朝日新聞的母公司是朝日啤酒（Asahi），多年來，朝日新聞賺錢供給Asahi啤酒大幅擴充。因此當時日本企業界都開始反省，多角化是否分散了公司的精力，不見多角化的綜效（Synergy），反而被八腳章魚的營業範圍拖累。

此時夏普選擇液晶與太陽能電池來集中發展，讓夏普在同業裡爭一口氣，也成為日本管理學界「專注」經營的典範（台灣企業在90年代後也多採取專注策略）。

2000年會計年度（2000年4月到2001年3月）夏普的營業額是2兆日圓，06和07年度都超過3兆日圓，成長幅度50%，這7年之間的成長動力，最

主要就是靠液晶產品。另一方面，夏普早自1959年
就著手研究的太陽能電池，也開花結果，太陽能電
子計算機更橫掃市場。2000年至2006年，夏普的
太陽能電池和太陽能發電模組產量都是世界第一，
也是重要獲利來源。

夏普亟欲乘勝追擊，原來的日本龜山工廠規
模不夠用，2007年，新任社長片山幹雄野心勃勃
地宣布在堺市建一個比龜山工廠還大四倍的堺工
廠，生產高階液晶面板和太陽能電池。希望有別
前任社長，實現「一社長一工廠」的里程碑，在
日本產業史上留名。但是這麼做是賭上了5萬多位
員工的福祉，加上百年來一點一滴打下的基礎。

踏入堺工廠，第一個印象就是大。在擁擠的
日本有127萬平方公尺這麼大塊完整地，很難得。
踏入展示中心，60吋、80吋、120吋、4k、8k彩色
電視一排排著。訪客的眼睛馬上就被吸住，畫面
上是日本東北祭典，龍的眼睛黑白分明、彩色鱗
甲鮮明紛紛，牆邊的畫面展現歐洲古堡的一磚一
瓦流露經典浪漫，裡邊客室小空間裡是寂靜美學
的茶道，在在都帶領人對美的極致探索；由於無
聲展露畫面，沒有喧囂，又把人帶至內心深處的
迷眩，不知身處實境還是虛擬。

進得廠裡，沿著大面玻璃窗往生產線去，不見有人，只有巨大的機器翻著一片片成型或沒有成型的面板，從清洗、塗敷光刻膠、曝光、顯影、去除金屬膜、去除光刻膠等八道工序，而且要多次重複，才能做成TFF母片。但來來回回的工序都是全自動，只有在維修時才有人下去調整電腦控制板。

它的無塵要求比台積電的無塵室更甚百倍，導覽人員說，4萬平方公尺的面積只存在有4粒花粉。也許只有最講求乾淨的日本人才能做到。

堺工廠還是環保的典範，節能、碳排放量都居業界模範，因為夏普把所有的策略夥伴，如康寧公司日本廠、大日本印刷、甚至電力公司都集中在統一地區，彼此間的成品都用管道運輸，不用卡車，這樣二氧化碳排放量降低很多，有如在同一工廠運輸。夏普將策略夥伴召集在一起，可以整合各家技術，以執行研究、開發、生產，和很多電子業都由各地採購不同，這樣可保留日本技術在國內，追求的正是日本製造的理想型態。

但是付出的代價也太高，堺工廠臨近機場、港口，有地利之便，土地當然貴，加上設備，一共投資3,800多億日圓，比起家厝龜山工廠還貴4

倍，是夏普史上最大的一筆投資，我國營業額最大的台積電在中科廠的投資不過其三分之一。

　　設備為何會如此之貴，從日本教授中田行彥在《鴻海為什麼贏得夏普》一書中，可以看出技術先行者的代價，不只是燒錢而已，而且根本必須無中生有，怪不得我國企業都要走老二、老三路線，等著收成別人的創新成果。

▌三星傷人傷己

　　產業先行者都有著血淚過程，因為是史無前例，用來製造10代面板的設備都要經過特殊設計打造，光是一部成膜設備，就占地50坪、3層樓高，重228公噸重。設備要進工廠，必須先拆卸下來，用飛機把零件載來，再一片片，一塊塊組裝起來，其他工序設備如清洗、濺鍍（sputtering）也是同樣，還有最先進的環保設備，資本投資驚人。

　　這樣的投資值得嗎？在當時主導投資的社長片山見信有足夠的理由，這是為日本、也為夏普。日本從6代液晶面板以後就沒有投資，8代就已經被韓國、台灣超越了，所以要一舉投資10代，而且規模也要大，才能分攤成本。索尼、東

芝都不願意做，夏普願意做。

「投資大、風險也大，但是我們如果不積極建堺工廠，投入生產，企業生產會停頓。」他在2011年1月31日的《日經新聞》上說。當時夏普高層都秉持著「不投資，就等著被淘汰」，不承擔風險就無法開創美好未來的悲壯感。

但天不賜良機，2008年金融海嘯，日本民眾消費習慣趨向保守，2009年正式啟用前，卻面臨到產業巨變。日本大型連鎖通路商永旺集團，推出價格5萬日圓的32吋超薄液晶電視，夏普的卻開價12萬日圓，貴了兩倍多，就算品質較差，消費者也趨之若鶩。

這台電視是一個只有25名員工，從韓國留學生所組的公司所生產，沒有工廠、沒有庫存，全靠海外買零件、買模組，請人生產即可。

中田行彥在他的書中，直指韓國刻意破壞價格，就是用低價面板殲滅夏普的液晶顯示10代技術。起先日本人還不知道這些電視是用三星面板製成的，三星此舉實為一石兩鳥，一消耗過剩產能，在現貨市場兜售，縱使虧錢銷售仍比放在倉庫好；二，打擊夏普液晶，等於打擊了日本的技術力，讓他們無法在液晶產業再起。

「三星早已做好『捨身攻擊』（日語），不惜虧損，也要打擊夏普的覺悟。」中田在書中指出。

2010年三星售出4,500萬台液晶電視，世界第一還虧錢，顯然要用流血戰略打擊夏普的液晶面板廠。中田在書中舉出夏普的財務報表說，液晶電視屬於三星的「數位媒體、家電事業」產品群，但三星在2010年7月到9月這個部門就已虧損台幣68億元，但顯示器的液晶事業卻賺了154億元，而行動電話更賺了1,000億，那個季度三星總體還是有約台幣1,400多億的盈餘，因此彌補家電部門損失輕而易舉。

在此同時，三星還「抓耙子」，向美國政府告密，台灣和日本企業企圖壟斷液晶面板價格，連累我國幾位液晶高層主管在美國坐牢，顯現其要獨霸液晶市場龐大無際的野心。

但是詛咒破壞者沒有效用，只能說夏普太高傲，昧於市場動態，也低估消費者的選擇，低價平板電視在2004年間就氾濫於美國，而且以前只有專業電子商如Best Buy，Radio Shack，Fry在賣，後來美國平價超市如沃爾瑪、好市多（Costco），塔吉特（Target）等搶進這個市場，液晶電視開始降價，華人王尉創立的品牌Vizio風襲全美，低價

又同樣畫質。32吋只要500美元，而且價格每半年下降一次，最後只剩300美元。

同樣地，夏普當時還發展出四原色電視。從彩色電視發明以來，50年都是三原色混合調配出各式各樣的色彩。但是尚有電視技術無法描繪出來的色彩，如金色、古銅色，夏普經過多年研究，無數的失敗，再重頭開始，才把黃色填上去，造就四原色革命，從此電視色彩，可以顯示耀眼璀璨的金色、鮮豔的黃色以及明亮的藍色。

夏普認為死忠粉絲會如以往醉心他們的產品，著眼美麗的畫質而買，夏普也認為低價品和高價品有別，不會影響到彼此市場。但是電視和時裝不一樣，消費者覺得無大差異，當然要買便宜兩倍的電視。日本企業醉心於技術的改進，超越顧客的需求及願意支付的價格。畢竟影像是一瞬而過，除非電視台放送的節目畫面是高畫質，才能顯示出高畫質電視的可貴處，如果電視節目粗濫不堪，買4k電視、8k電視和買普通平板電視沒有太大差別。

在堺工廠展示的120吋電視，只有特殊廠家要在戶外做展示才會買，展示人員說，此款電視有可彎曲的面板，可以折疊成8塊，便於收藏，但是

普通人家需要如此畫面，如此收藏嗎？

▌要記住，你是凡人啊！

　　管理大師柯林斯在《為什麼 A⁺ 巨人也會倒下》一書中，把企業失敗分成 5 個階段：

　　第一階段：成功之後的傲慢自負；

　　第二階段：不知節制，不斷追求更多、更快、更大；

　　第三階段：輕忽風險，罔顧危險；

　　第四階段：病急亂投醫；

　　第五階段：放棄掙扎，變得無足輕重或走向敗亡。

　　柯林斯指出，這 5 個階段每個企業走得速度不一，大部分都要走 20 年左右，但是據筆者觀察，此時夏普已經歷前 3 個階段，崩壞速度之快，可說是奇蹟。

　　第一階段：成功之後的傲慢自負。例如夏普當時的社長和會長，經常在媒體上夸夸其談，在各種研討會，都擔任引言人或 keynote 演講人，在宴席上居首位，不再是老五，儼然老大自居。

　　傲慢以後，就不願聽市場聲音，例如低價電

視的出現。執著於顧客一定會喜歡高價格、高品牌、高技術產品，對供應商蠻橫以對，「以前他們會找我們來商量，我們需要什麼規格，大家一起研發，很有向心力，後來都沒有了。」

後來夏普對電機業老大索尼和日立都很傲慢，縱使簽了合約，堺工廠、龜山的面板一定先給自家人用，縱使索尼已投資堺工廠5%，貨吃緊時，還是不給他們，後來索尼乾脆和韓國三星策略聯盟，由三星供貨。到2012年堺工廠直接出貨率更來到史上最低，要不是郭台銘引來大客戶如美國的Vizio和蘋果，堺工廠前途堪虞。

歷史上，很多國家都設計各種制度，提防領導人成功後的狂妄自大。古羅馬帝國帶兵將領在外打了勝仗後，人民會湧上街頭迎接軍隊凱旋歸國，當將領穿過歡呼的人群時，會有吟遊詩人在他後面唱著：「要記住，你是凡人啊！」就是要忠言逆耳，提醒這些將領驕兵必敗。

▍成功者的行動慣性

《日本經濟新聞》編輯委員西條都夫撰文說，以觀察家身分，很難原諒夏普。在鴻海宣布與夏

普正式簽約前3天，他寫了一篇從夏普陷入困境看「企業道德」。他說，很多夏普的供應商都向他表示「夏普是很難合作的公司」。日立的資深人士曾為了試探能否重組表現低迷的液晶業務而拜訪夏普（亦即日後出現日立、東芝、索尼三家所合組的Japan Display Inc，JDI），而夏普「完全是居高臨下的做法，態度極其冷淡。」

西條都夫說，正如人類具有品德和名望一樣，一個企業也應具有「企業道德」和「企業聲望」。有這兩樣，大家才可能與它做生意和展開合作。另一方面，欠缺企業道德的企業則是以自我為中心、驕傲自滿，如果有可能，誰都不希望與其合作。

不到40歲，已被譽為國際管理界新一代管理大師的哈佛大學商學院助理教授唐納薩爾（Donald N. Sull），提出「行動慣性」（active inertia）理論，一個企業創業，能夠成功，一定有其獨特策略。

但當外在環境改變時，經理人仍執著、持續地採用過去管用的方法、策略或流程，這就是「行動慣性」。當組織逐漸建構該公司的成功方程式時，例如他的核心策略為何、主要顧客是誰、應如何創新流程，他們已播下失敗的種子。領導

人如果不斷強調我們是個大校園，學習和自由很重要，一旦公司需要紀律動員，就很困難。又如夏普強調只要有好技術，發展出好產品，消費者自然願意買單，這是夏普的成功方程式。只是幹部忙著發展好產品，忽略了降低價格。

▌加拉巴哥症候群

在接受媒體訪問的夏普工作人員，可以描繪出夏普本是家中型公司，不是如韓國或中國拚大投資、量產、速度的公司，但是注重員工創意，有很高自由度，往往能創造出讓消費者驚豔的產品。創辦人早川德次甚至要員工把「發明別人要模仿的產品」奉為圭臬，一方面出自對自家產品的信心，別人會模仿的產品就是市場所需的產品，另一方面督促員工不斷求新求變。

根據《夏普崩壞》一書，夏普投資一向小心翼翼。這歸功於第二任社長——創辦人早川的養子兼女婿佐伯旭，他以會計專業建立起財務健全的公司，自有資金總是保持在50%上下。他的部屬回憶佐伯在打高爾夫球時，就可以顯示他的謹慎踏實，縱使他在使用長距離的一號桿，他也只

會打出150碼的距離，而且盡量靠中間，因為他認為打高爾夫球就像經營企業，不應該亂用力氣，讓球飛到莫名其妙的地方。

他認為設備投資應該從現金流量裡提撥，不應超過營業額的10%，在晚年（2002年，82歲）巡視公司時，諄諄告誡續任高層，「對液晶事業大規模投資，應到龜山為止。我們如果無法在自己能力範圍下進行經營，……這樣下去恐怕將來會出大事。」

但是夏普接下來在堺工廠的投資大約是1年的營業額1兆日圓（液晶及周邊工廠、及太陽能電池），債務加上開工後遭逢的一連串經濟及產業危機，夏普財務危機連連。2014年，自有資金只達5%左右，股價直線下跌，最低時，相當於台灣的水餃股。《夏普崩壞》的作者群訪問日本國內證券業者說，夏普股票已被評為垃圾等級，瀕臨破產的風險太高。連禿鷹基金都不願意投資。

媒體批評夏普患上了加拉巴哥症候群。更準確地來說，不如說日本高科技業患了加拉巴哥症候群，甚至日本舉國患了加拉巴哥症候群。

加拉巴哥群島位於太平洋東部，接近赤道，為南美厄瓜多爾領土，島上風景雄偉、秀

麗兼有,為2015年7月,美國最暢銷的旅遊雜誌《Travel+Leisure》評選2015年世界上最棒的小島。島上人和動物和平相處,公車候車亭的座位下躺著海獅,路上黑腳企鵝搖搖晃晃過街。1835年9月生物學之父達爾文來訪,使他對物種可能的真正起源重新深思,進而成為二十多年後達爾文發表《物種起源》的開端。

因為與世隔絕,島上的生物演化自成一格,例如有種象龜身長150公分,高度和人相仿,平均體重達175公斤,最胖的龜重達400公斤,牠們真的是長命百歲,大部分都可活到100歲,最高記錄可活到175歲。還有一種叫陸鬣蜥,達爾文描述:「難看的動物,下半部呈橘黃色,上半部呈紅褐色,由於低面角的緣故,使牠們的外表看起來格外地愚蠢。」繁殖時期,會通體變成粉紅色,這些在別的地方都看不到,只有這個島上才有。

21世紀伊始,日本經濟久病不癒,各界開始探討舉國是否患了「自行演化、離群索居」的加拉巴哥症候群。例如日本手機發展始終走在技術的尖端,人們可用手機去販賣機買東西、坐電車、計程車、看電視等。奇特的是,手機功能卻

與世界標準不同，日本手機廠商往往只看見本地
需求，鮮少考量海外需求，也不積極拓展海外市
場。像極了加拉巴哥群島上的物種，悶著頭在島
內自行演化，卻與國際社會隔離。

　　日本高科技產業也同樣患有此症。高科技
業風險大，以前日本市場封閉，各大電子公司
尚可在避風港裡歇息片刻再戰，但是現在市場開
放（不得不走的路），日本電子業必須曝露在全球
化的風險中，市場瞬息無情巨變，因此索尼、東
芝、日立紛紛出現嚴重問題，大幅虧損，甚至有
些公司被迫出售已成熟的家電行業給中國廠商。
例如2012年松下將從三洋電機繼承來的白色家電
業務出售給了中國海爾集團，2016年美的集團投
資537億日圓買下東芝的家電部。

　　日本企業為何加拉巴哥化，因為他們對自己
的團隊合作和默契非常驕傲。的確，當我幾度去
日本採訪時，看到他們資深員工不厭其煩教導年
輕員工，傳承自己經驗時非常感動，此外，屢屢
訪問日本員工，默契都很強，回答問題的答案都
大同小異，顯示他們步伐一致，往前行。

　　日本很驕傲於自己的組織型知識創造（相
對於西洋的個人型知識創造），因為組織內的人

背景、想法、教育、觀念都大同小異,很容易一
講就能心有靈犀一點通。團結力、現場力、整合
力,這就成為日本競爭力來源。

　　知識有外顯式知識(用語言或數字表現)和
內隱式知識(難用語言傳遞的知識,通常靠觀察
或領悟),日本人認為內隱的知識比外顯的知識重
要太多,就是沒有說出的比說出的更重要。冰山
下的資訊比冰山上的知識更重要,大家都要致力
追求冰山下的知識,例如工匠的技藝是靠觀察、
感覺來摸索,老師傅不會一條一條教你。

▌團隊默契不再有效

　　但是隨著科技巨變,日本這種內隱知識聚合
起來的優勢很難再發揮效力,電子業都致力模組
化,個人電腦,家電、汽車、伺服器都走上模組
化,例如個人電腦,就只是一個個模組湊起來,
電腦廠商不必從頭製造每個零件,智慧型手機亦
是如此。中田行彥在《鴻海為什麼贏得夏普》解
釋:因為聯發科公開了載有手機推薦零件的參考
資料,也就是手機的設計圖(又是一次破壞性創
新),如此一來,手機製造商就不必自行開發手機

的基幹部分，只要使用聯發科提供的半導體晶片與免費的MTK（聯發科MediaTek的英文縮寫）平台，就可像組裝電腦一樣，很容易組裝一台智慧型手機，所以中國大陸首先出現千元智慧手機的來源，其他品牌也被迫跟隨，業界稱為「聯發科革命」。之後，另一手機晶片大廠美國的高通（聯發科的死敵）迫於現實，也得跟進，手機製造再也不是絕門科技，高不可及了，日本千年以來累積的默契和整合已經不能成為絕對性的優勢。

半導體、液晶面板都走上同樣命運，模組化後，成為標準化產品，廠商比的是規模、速度、市場、台灣和韓國就得益了，因此國際上流傳這樣講法：半導體、液晶都是美國發明，日本發展，受益的卻是台灣、韓國。

日本經濟評論家長內厚在電視節目「夏普的失敗與重建」中說，夏普做的液晶面板和通用標準不合，很難在海外銷售，日本製造商無法跨出日本。韓國三星則善加利用各國所需，三星原本是採歐洲系統，但想取得美國市場，所以小部分採美國系統，而後韓國改為美國系統，商品就能在美販售，台灣廠家也擅此道。

他接著比喻，就如廁所的衛生紙架，都是

同尺寸的，每家生產的衛生紙都以顧客方便為考量，能夠放入標準的衛生紙架，但夏普獨樹一格，製造的衛生紙無法放裝入標準架，還持續製造了好幾年，慢慢地就失去了顧客。

這個加拉巴哥重度患者，付出了沉重代價。

降魔殿裡的高層

不成功的領導，就是遇事推諉的
領導，希望討好每個人的領導，
賞罰不分的領導。

———— 郭台銘

夏普一路順遂，但是繼任者不瞭解夏普的本質，比喻來說夏普原如小家碧玉，穿件平價時尚，讀幾本書、背幾首詩，也可以在社交圈裡有一席之地，所謂「腹有詩書氣自華」，但是她偏要爭做社交名媛，又要性感，又要聰明，學虎不成反類犬，更失去了自己。

「夏普不是華麗的公司，是很樸實的企業。著重於技術研發，組織力與創意的經營模式。」東京立教大學經營系教授大久保隆弘，坐在可遠眺海邊的辦公室裡，往後一靠結論著。他曾花4年時間研究夏普，閱讀無數夏普事業書，也見過很多任社長，更與主要幹部進行了訪問面談。

他認為，企業大體分兩種，一種企業是積蓄型（stock），就像螞蟻，努力工作，在巢穴中儲存許多食物，為冬天儲食。另一種他稱為流動型（flow）如蚱蜢，是在短暫的夏天，玩樂遊戲，屬自由奔放。但是過了高峰就缺乏持久力，容易大起大落。夏普顯然是屬於第一種，他不是以速度、規模見長，但是會持續成長。

如果說，夏普崩裂的一個重要原因，是台灣一家中小企業重整，很多人不會相信，但這卻是千真萬確。這就是全球化中，各企業緊密相連所

產生的「蝴蝶效應」，蝴蝶效應是一件表面上看來毫無關係、非常微小的事情，可能帶來巨大的改變。就是氣象學界闡述多年的，「一隻蝴蝶在巴西輕拍翅膀，可以導致一個月後美國德克薩斯州的一場龍捲風」。

▍一家台灣廠商導致的夏普崩壞

根據中田行彥《鴻海為什麼贏得夏普》一書裡的記載，台灣的觸控式面板大廠勝華科技於2014年10月因財務危機宣布聲請重整，使得夏普面板供應鏈中斷，兵敗如山倒。夏普虧損巨大，是鴻海再度出手能夠順利談成的因素，可見全球化的力量無遠弗屆。

這條產業鏈是這樣的，夏普製造的面板會送到勝華科技，完成組裝觸控式面板後，再交貨給中國的低價手機廠小米。勝華最盛時營業額高達千億元台幣，曾是全球第二大觸控面板大廠（僅次於辰鴻），但是科技風雲變化，訂單不再，使得勝華發生嚴重財務虧損，竟然一夕之間進入破產重整。

夏普到小米這條生產鏈中斷了，有廠家馬上

遞補上來，供貨給小米，不是別人，正是自家兄弟，日本顯示器公司（JDI）。JDI是在2012年由日本產業革新機構聯合索尼、日立、東芝面板部門，後來還有松下、佳能、三洋陸續加入。一開始曾邀夏普加入，但夏普拒絕參加，JDI最終成為獨排夏普的全日本總動員。

此時智慧型手機面板觸控技術劇烈變化，在原本的外掛式、外嵌式、內嵌式等技術中，以東芝生產出來的內嵌式面板最薄最好，這種破壞式創新，大受手機廠商歡迎。採外掛式、外嵌式技術的勝華和辰鴻營業受到很大影響。

一旦勝華不克供應，JDI趕緊和中國手機製造商打交道，而且大幅調降價格，推銷內嵌技術，使得新技術反而價廉物美，一舉奪取夏普在中國的面板市場。日本產業界一向團結，這次竟演出兄弟鬩牆，2014年夏普的虧損大部分由此而來。

這次夏普之敗也顯示，現代企業競爭者來自四面八方，防不勝防。

▌供應鏈脣亡齒寒

管理大師麥可‧波特曾經創造「競爭五

力」，用於闡釋企業競爭戰略，以及分析客戶的競爭環境。五力分別是：供應商的議價能力、購買者的議價能力、潛在競爭者的進入能力、替代品的替代能力、業內競爭者現在的競爭能力。五種力量的不同組合變化最終影響行業利潤潛力變化。

在夏普與JDI之爭中，夏普就輸了其中三力：一，替代品的替代能力：例如內嵌式面板比外掛式，或外嵌式品質好而且價格便宜。二，潛在競爭者的進入能力：東芝花了十餘年發展出來的內嵌式觸控式面板技術，席捲市場卻也後來居上。三，購買者的議價能力：由於JDI大幅降價，手機廠商都轉向JDI，使夏普經營日益困難。

企業不能不留意市場上的破壞式創新，會取代公司現有產品的競爭力。

創新大師克里斯‧汀生說，企業不但自己要設法做破壞式創新，也要避免成為被破壞者，從夏普的例子顯見下游供應商（勝華）成為被破壞者，更進一步連累夏普。現今產業鏈既是相互取暖，共牟利潤，更是唇亡齒寒，如珍珠項鍊，斷了一顆珍珠，整串珍珠散落一地，企業負責人豈可掉以輕心？

▌王者基多拉式經營

在產業劇烈變化時，夏普卻是勇於內鬥，怯於對外。日本企業本質是集體領導，但是當這個團體不再打勝仗，面臨敗仗時，卻沒有領導人可以一呼百諾，無從重整軍備，再上戰場。

夏普本來接班傳承有序，創辦人早川德次任社長至77歲，傳給養子兼女婿佐伯旭做社長，佐伯旭15歲就進入早川金屬，在戰爭中失去家人的佐伯旭被早川收養，一直帶在身邊學習，很能師承創辦人精神，努力半工半讀，1970年接任社長，承續夏普自由創造發明的精神，企業界尊崇他為「中興之祖」。

他在任內培植了女婿的哥哥辻晴雄為第三任社長，也培植女婿町田勝彦做第四任社長，有如家族企業，但是因為早川及佐伯旭頗有威望，員工也就服氣。

從第四任到第五任社長片山（建堺工廠），接班之路就開始走得顛顛簸簸，第六任社長奧田隆司（只任一年就下台），第七任社長高橋興三（負責與鴻海談判）更是每況愈下，也可見慎選接班人的重要。

　　日本企業大多採社長制，掌有實權，會長位高權輕，大部分對外，如投資者、銀行及董事會等。第四任社長町田拔擢重臣片山為社長，自己退任會長。但是東京大學畢業的片山一意孤行，任社長後大舉投資堺工廠，而不甘權力旁落的町田也繼續指導公司營運，並安排自己人濱野擔任副社長，形成三頭馬車。

　　會長町田不願意社長片山獨享液晶光環，自己也大力投資太陽能電池廠引發另一次災難。為了確保矽（電池主要原料）的供應，夏普與矽供應商簽下保障價格的長期合約，結果2008年金融海嘯發生，矽價一路下跌，只有當初的1/10，夏普太陽能事業也成為另一個錢窟窿。

　　雪上加霜的是，這時中國大陸太陽能電池興起，大量傾銷歐美。太陽能電池已成標準產品，夏普沒有太大優勢，價格卻無法降低，也無法開拓新市場只有敗仗連連。

　　在《夏普崩壞》一書裡，日經記者訪問夏普公司，內部人員稱此為三頭馬車的王者基多拉式經營。

　　王者基多拉（キングギドラ）是日本東寶電影公司所拍攝哥吉拉系列電影中最著名邪惡怪

獸，「哥吉拉最大的對手」，外型為三個頭、兩條尾巴、背上有巨大翅膀、無手臂，全身披覆金色鱗甲，頭部長得像中國神話裡的龍，口中可發出如閃電般的強力光束。

三頭馬車的結果使得員工對服從哪個Boss搞不清楚，士氣提升更不可能了。客戶都不知道要跟誰談才能算數，郭台銘也在與夏普談判過程說，這個公司怎麼了，3年換了4個談判人！

夏普總部裡有層樓，日本員工戲呼為「降魔殿」（出自《水滸傳》被日本人比喻為密室裡住著一群妖魔鬼怪，烏煙瘴氣），「住」著已退位的歷任社長、會長，以及重要的舊董事。他們享有個人辦公室、司機派車、私人祕書，操弄著公司的權力版圖。這群社長們就跟上班族一樣領薪水跟退休金，他們的收入與分紅配股脫鉤。因此，就算公司虧損，也與他們無關。

從台灣看來，日本文化裡最重要的元素——恥感，即對自己作為的羞恥心，很多日本企業銀行主，經營不力或者人謀不臧都會抱愧投資人下台謝罪，甚至切腹自殺，在這批高層身上看不到。根據《夏普崩壞》一書所說，第三任社長辻晴雄，已經退任20餘年，還占有二樓辦公室，

2013年當新任社長高橋請他退休，並削減他所有開銷，辻晴雄還咆哮，為什麼只有他被如此要求，為何某某人可以留下來。看到這裡，不禁感嘆曾經權傾一時的社長、會長，卻戀棧微小職位，是否晚節不保？

▌病急亂投醫，自救無效

夏普降魔殿裡住著的灰髮男人並非單獨存在，踢爆Olympus醜聞的英籍前執行長伍德福特（Michael Woodford）在離開日本時，不客氣地直接指控日本經濟的罪魁禍首是：「一群穿著深色西裝的灰髮老男人！」「日本必須瓦解安逸的企業俱樂部，應該要有人挑戰那些老男人！」

伍德福特口中的灰髮老男人，就是政客（包括官僚）、大企業、銀行組成的既得利益集團。這批曾經建造日本戰後經濟奇蹟的功臣，現在必須靠減緩市場競爭，築起貿易堡壘，以及抗拒改革，保住自己的面子和裡子，因此很多人說，他們應該盡快出局，日本才可能重新成為國際舞台的強角。

但是夏普等不及了，從2013年開始，夏普的

財務狀況逆轉直下，虧損連連，走上柯林斯所謂的「第四階段：病急亂投醫」這時候，企業往往在情急之下亂投藥方。夏普找來各種企業顧問設計重整計劃，PwC（全球四大會計所之一）、波士頓諮詢集團（BCG）也受聘為宣傳戰略公司，員工看到這些外商顧問進進出出，問各部門要資料，但是自己卻前途未卜。

這些中期重建計劃不外是減資、徵求自願離職者、以改善公司財務情況，把夏普打造成中小企業。中田行彥認為，這些都不是根本方法，自願離職方案使優秀人才流失，更糟的是去韓國或中國大陸，成為幫三星、京東方對付老東家的利器，也加速日本技術外流。

中田分析，企業減資再上市很少有成功例子，只有日本航空公司靠著京瓷的稻盛和夫頑強執行力，在兩年內轉虧為盈是少數例子，大多數都不成功，如大榮超市，減資後還是不敵虧損，終究下市。

▌章魚自食以求生

減資對企業來說，治標不治本，猶如章魚

找不到東西吃時，會啃食自己的腳來暫時保存生命。章魚的腳雖然可以再生，但非長久之計，只能暫解危機，找不到東西吃，章魚終究會餓死，不可能把自己腳全部啃光。

難怪郭台銘不喜歡用顧問，他說「顧問就是你問他時間，他卻向你借錶，反過來告訴你幾點鐘的人。」

引進宿敵三星投資，更是病急亂投醫的鮮明例證。夏普堺工廠落成後，第一批推出的大尺寸電視，就遇到以三星面板製成的低價電視機，可謂扳倒夏普的第一根稻草。但是夏普後來因為資金短缺接受了三星，更寄望它能帶來面板生意，然而三星投資後，因為市場需求趨弱並沒有買下多少面板，使得夏普繼續連虧三年，三星還要求鴻海要退出堺工廠投資，夏普更把獨家的IGZO技術非常便宜賣給三星。到今天日本企業界及學界都遺憾不已。

這種情況，當然給外人可趁之機，包括鴻海。《夏普崩壞》一書指出，鴻海似乎看穿了夏普，一次一次地搖晃著夏普，包括鴻海集團在中國成都興建智慧型手機面板工廠，請夏普提供技術，夏普可分3次合計獲得500億日圓，但臨時喊

卡。夏普幹部說：「郭董已看清我們的腳步，不斷拉扯，更不斷提出各種要求。」

夏普也很快進入柯林斯所謂的第五階段：放棄掙扎，變得無足輕重或走向敗亡。2012年是夏普的創業百年紀念，原本應該歡欣鼓舞的一年，迎來的卻是公司徵求自願離職者，共有近3,000人離職，而且都是工程師，握有技術的菁英。

經歷了被評為「無能」的社長奧田隆司，第七任社長高橋興三一上任，就打出恢復創業精神，裁減降魔殿裡的灰髮老男人，擬定各種重建計劃。但是具體實施的只是賣掉位在大阪黃金地段的總部大樓和建立事業群，讓每個事業群自負盈虧。

▌百年品牌首次易人

高橋社長提不出來未來願景，是因為怕提出來，員工更裹足不前，只能說說空洞的口號，例如讓夏普成為千年企業。夏普一位經理說，員工總是從媒體傳來消息，才知道公司動向，大家已經對經營層失去信心，認為他們只想保住自己位置，不滿情緒如火山熔岩般爆發。

　　鴻海併購夏普後，派去重整夏普的第一位外籍社長戴正吳發現，過去4、5年來，夏普幾乎呈現無政府狀態，各個單位各自為政，在原物料採購等層面簽了太多「不平等條約」，現在在母公司鴻海協助下，希望重新洽談這些合約。

　　戴正吳組織了200人的社長室（被日媒諷為首相官邸）強勢推動節省成本、削減成本、企業扁平化、改革人事制度，被日本媒體稱為「鴻海流」。顯然，戴正吳要堅持郭台銘治理原則——「獨裁為公」。

　　管理大師柯林斯說，企業在危機時，不斷尋找各種仙丹妙藥，常常形成惡性循環。一路累積的失敗結果和昂貴的錯誤行動嚴重侵蝕了公司各種競爭力，領導人不得不放棄建構偉大未來的雄心壯志，企圖賣掉公司，或者申請破產。2016年4月2日，隨著鴻海夏普簽約，這個百年品牌第一次易手他人。

　　柯林斯研究歸納出衰敗的公司多半循序經歷這幾個階段，不過每家公司經歷的時間不同。比方說，增你智公司花了30年時間才走完5階段，有些公司的衰敗過程可能會跳過某個階段，有的公司很快走完5個階段，但是柯林斯研究的企業都

沒有夏普那麼快。嚴格說來從虧損的2011年開始到2016年賣給鴻海，夏普只花了5年就走完了這個花百年打造的品牌，5年，三任社長就玩完了，也算是近世企業奇蹟。

進階觀察 ▶ 失敗學 —— 盛極必衰的教訓

　　很多記者和作家都喜歡寫企業成功故事，但很少有寫失敗的故事，這次筆者研究夏普失敗的因素，而且花長篇幅寫出來，希望對其他企業有幫助。

　　美國和台灣都統計過企業失敗率，比率幾乎相同，創業5年後，只有10%可以存活，年數愈多，比率愈低，到30年後，只剩1%。可見百年企業有多難。

　　我訪問過很多失敗企業負責人，有的在我面前落淚，有的悔不當初，有的誓言重振雄風。最近看了一些企業如何失敗，如吳曉波的《大敗局》，哈佛商學院教授、新世代管理大師唐納·薩爾的《成功不墜：最適者再生》裡面談到的企業敗象和我採訪到的有著驚人的相似點：

1. 公司自誇績效卓越：

　　聖經箴言：「驕傲在敗壞以前，狂心在跌倒之前，」應用到現代商場，則是「暴利在失敗之前」，一家公司比同業都賺錢，往往會導致領導人自滿，無視現實和未來環境的改變。

2. 封面詛咒：

　　執行長上雜誌封面，尤其是商業雜誌。他舉出，1998年康柏電腦執行長菲佛被選為《富比士》「年度風雲人物」，躍登雜誌封面，康柏電腦也被選為「年度風雲企業」，但16個月後，董事會要求執行長辭職。這也非偶然，從1995到2001年獲選《富比士》

「風雲企業」者,當選不久後都遭遇公司困境。

　　唐納‧薩爾歸結「封面詛咒」主要原因是領導層躊躇滿志,對環境變化不敏感,不願改變。

　　台灣企業聯華電子(做晶圓代工)前任董事長曹興誠每次都堅決表示,不願上封面,他似乎熟知封面詛咒。有次好不容易一家雜誌說動他接受採訪,也拍了封面。經過幾個月後,聯華依舊風華絕代,火紅得很。似乎打破了封面詛咒,沒想到他們廠房忽然起火,沒人縱火,算公安事故,之後,曹興誠就更堅決不上封面。那期以聯華做封面的雜誌也成絕響。

　　3. 大師厄運:

　　為管理學家所推崇的企業,往往會使企業領導者更加堅守自己過去成功的模式,因為他們認為既經學者認可,應該安全無虞,但是處在不斷變動的世界裡,已經沒有人能基業長青了。台積電績效好,管理模式創新,是最為企管學家推崇的台灣企業,因此董事長張忠謀特別謹慎,凡是員工趾高氣昂,張牙舞爪的,一定會被他教訓。前任總經理蔡力行原為欽點接班人,但是接任幾年後,張忠謀覺得他太過驕傲,加上有些管理的問題,將他調走,自己再兼任總經理。

　　4. 執行長為自己成功立碑紀念:

　　包括興建總部大樓並以自己姓氏命名,有如羅馬帝國首位皇帝奧古斯都在位期間,羅馬帝國實力達到頂峰,大興土木,以

大理石做城池、橋梁，但也因此種下衰落的因素。企業領導人此
舉除了炫耀自己外，還隱含在此終老的意味，會限制他創新的才
能。許多矽谷創業人都喜歡租辦公室，一方面可彈性應變，另方
面更不希望限制擴展的腳步。

5. 領導人寫傳記經營心得等：

韓國大宇集團創辦人金宇中，綜合其經營哲學，寫成《賺遍
全世界》，半年內售出百萬冊，還有蘋果及百事可樂執行長史考
利，全錄執行長柯恩斯都出過書，但出書後，企業都走下坡，本
人也被免除職務。有的現在都不知去向。

▶ 失敗是過程，不是全部

商場無情，總要拚個你死我活，經濟舞台明星稍縱即逝。但
如沒有信心，可能連明天開門迎敵都難。保持信心，才能成為常
勝軍。

但是過度自信會讓人自我膨脹，企業過度擴張，幻想自己是
不倒長城。30年前，有家企業叫光男企業，董事長羅光男，以自
己在網球製造上打出的優勢，跨足電腦、房地產，終於過度擴張
而企業傾頹，銀行追債，最終他在台中一家廟宇終老一生。

過度自信更會使組織耽於平庸，領導人不再強調基本價值
觀，投資人買股票，只想短期發財，如20世紀末的股市狂飆。

「失敗是十字路口，而不是懸崖，」哈佛大學教授羅莎貝

絲‧肯特（Rosabeth Moss Kanter）寫過《信心》一書，在接受我的採訪時說，「它累積你克服挫折的能力。」

「失敗是一個過程，而非僅僅一個結果；是一個階段，而非全部。」《大敗局》作者吳曉波曾經寫道：要判斷一家企業是否穩定和成熟，首先要觀察的是，它在過去的兩到三次經濟危機、行業危機中的表現如何，它是怎樣度過成長期中的陷阱和危機。

今天意氣昂然的企業，明天很可能會淪為泡沫。企業領導人不但要看成功的故事，也要看失敗的故事。要留意成功的信號，更要留意失敗的信號。

CHAPTER 9

兩段情上：單戀無果

除非員工被公平的對待，否則員
工不會盡其全力，為企業賣力。

———— 郭台銘

　　「我被騙了，」郭董在2014年6月份出版的《東洋經濟周刊》訪問的文章中，大大喊冤。郭董一向集老虎（兇猛）與狐狸（狡猾）性格，居然會被騙，大概不會有人相信，尤其不會有人同情他。但這點是千真萬確。

　　2012年鴻海和夏普簽資本合作協議後2年，鴻夏戀一直凍結。郭台銘第一次接受日本媒體訪問時喊冤，2012年簽下協議後，夏普就損失1,000多億台幣，股價就一路下跌，只有當初的1/3。郭台銘希望重新議價，會長講好了，社長又不願意承認，而且在媒體頻頻放話，說他不守信用、不老實，這讓他很痛心，不老實的是夏普。他對記者說：「說穿了，我是被騙了。」

　　他還說，他有錄音為證，只是不願意傷害他和日本人民的感情，不會提告，這也是千真萬確。

　　「他對夏普有太多炫迷，」中央社記者楊明珠解釋，「才會一直不願意放棄，還滿委屈的。」

　　如果張愛玲要點上第三爐香，這爐香比前兩爐香更香煙繚繞，也愈加模糊，到底這4年過程的鴻夏戀過程誰是誰非？誰騙了誰？誰對不起誰？可能只有當事人知道。

　　這爐香要從2011年的6月，香港富豪酒店開

始講起，郭台銘赴港時慣居在此。

　　這天領導夏普在液晶稱霸世界的會長町田勝彥來到香港，希望跟郭董一起合作，聯合對抗占有世界高科技寶座的韓國三星，郭董自然應允。

　　郭董其實壯年時就結緣扶桑。

　　1980年，30歲生日，郭董是在日本松下電器度過的。「被松下員工灌醉了的郭台銘，第二天醒來，躺在床上想『日本有這麼好的零組件供應，是因為日本有很好的母體工業』……，」張殿文在《郭台銘語錄》中寫道。

　　那天，為了購買模具來到大阪的郭台銘，震驚於日本企業的機械設備完善，大廠不遺餘力且長期地扶植衛星廠，工業體系完整。1981年，再度訪日時，覺察電腦將是未來的明星產業，而連接器在電訊、電子和通訊產業皆居關鍵地位，隨即於1983年，快速進口日本新機器，適時地開發了鴻海事業的命脈電腦連接器。1986年，郭台銘認為應向日本學習，於是成立「對日工作小組」，積極聘請日籍顧問傳授製造技術。

　　30餘歲，英姿迸發，還是板橋黑手的他，日本以外，也盯上德國。他對負責審核貸款的交通銀行報告，希望能貸款去德國買模具，去日本買

精密陶瓷，以充實自己公司的競爭力。隨後，他開始著重從日本技術轉移和研發，1991年，鴻海組織了300人的專利部隊；2000年，在東京成立「Fine Tech」公司，邀請東京大學的中川威雄教授管理（中川是郭董最信賴的日本人之一）；2003年，鴻海成立「日本研發總部」；2010年，主動向日立和夏普洽商合資，希望取得液晶面板先進技術。

為什麼這次一定要娶得美人歸，就是因為夏普有獨特先進的面板技術，用途廣泛。鴻海宣告未來方向有11屏3網3雲，11屏就是11個螢幕，包括汽車、手機、電視……也就是鴻海要占有面板領域，至少是個霸權，甚至超越三星。

「我家小虎一歲時看到任何玻璃都會上去用手劃幾下，他以為每塊玻璃都是手機面板，看到大人做，他也跟著做。」郭台銘舉兒子的例子說明未來面板無處不在。

夏普大面板，全球第一

夏普生產的面板極為高端，堺工廠是全球唯一的10代廠，生產大型電視機板，是將來必走之

路，因為未來電視是智慧家居的控制者，手機則不但掌握資訊流，而且掌握金流、物流，如中國大陸阿里巴巴旗下的螞蟻金服及Apple Pay（蘋果支付）。未來科技界都要致力博取大（電視）小（手機）眼球。

手機液晶顯示器全球只有4家企業合乎蘋果要求，夏普為其一，其餘為三星、LG電子、JDI。另外夏普也有下世代手機面板——有機EL面板（有機發光二極體，簡稱AMOELD），只是欠商業化。夏普的面板使用的是IGZO技術，成像精細度更高、更省電，即便重度使用者都可兩天充電一次。

蘋果與夏普也關係密切，在2010年就已投資夏普的龜山工廠，協助改造生產線後，專做iPhone用的液晶面板。所以夏普鴻海之戀的背後還有個若隱若現的蘋果，是「看不見的第三個男人」，日本華裔學者喬晉建說。

鴻海此時正走在策略關鍵點，低價代工生產勢微。2011年，鴻海的營業額近3.2兆台幣，直逼電子業巨擘三星的4兆台幣。但在獲利率上，比起蘋果28%、三星10%鴻海顯然落後，只有2.4%，不足蘋果的1/10，加上2010年深圳廠大陸員工跳

樓死亡，國際聲譽受損，大客戶蘋果開始劃清界線。為轉移與血汗工廠合作的印象，蘋果把訂單分散給和碩等廠商，昭示了鴻海獨占蘋果的時代結束。這是郭董心中的痛。2015年股東會中，有小股東問起此事，氣得郭董直喊：「這些低價搶單的代工廠商只是備胎。」

無時無刻充滿危機感的郭董也知道專靠蘋果，風險太大，所以從事各種零組件生產，以及投資群創做面板。面板在手機成本上占20%，在電視占60%。掌握夏普的面板不但能鞏固貨源，更能為代工節省成本，增加獲利率。

這符合鴻海的逆向整合策略，就如他40餘歲時決定殺入個人電腦，從連接器、機殼、主機板、半導體，不久後，他就把PC製造整個包下，進而幫客戶發貨、維修。鴻海既垂直整合又水平整合，小廠不敵，紛紛退出。

▌聯手打擊共同的敵人

韓國三星採機海策略，推出多種機型，在全球市占率節節領先（2015年全球手機市占率三星第一，蘋果第二）。蘋果曾在2011年，對三星提出

侵權訴訟，控告三星抄襲iPhone設計，雙方早有心結；郭台銘是蘋果的影子，自然會對三星敵意十足。他提到三星時，連名字都不願提，只說那家公司。

而三星與台灣面板業更有世代恩仇，很難泯滅。2008年，亞洲7家企業（包括友達、奇美電、夏普）遭美國司法部判定操控面板價格，違反反托拉斯法而責以重罰。奇美電認罪受罰2.2億美元，友達高層在美入獄一年多。當初主導操控價格的三星卻主動向FBI告密，提供會議記錄及會議時點，獲予免責，從此郭董頻呼韓國高麗棒子，與三星結下世仇。

鴻海早在2011年，曾和夏普協議各出資一半在台合資成立液晶面板公司。計畫由鴻海生產20到40吋電視用面板；40到60吋面板，在夏普的指導下由鴻海生產；60吋以上的超大面板則在日本夏普生產後供給鴻海。但是，這項計畫最終因為夏普高層意見不一而擱淺。

雖然在台合資建廠未果，兩家企業合作的念頭一直沒有打消。可見當時郭董就不以群創為滿，面板一定要跨足海外。

2011年6月1日，夏普董事長町田勝彥專程赴

香港富豪酒店，當面邀請郭董對夏普投資。之後
戀情突飛猛進，7月，鴻夏正在交往的消息曝光，
11月決定訂婚，這半年是夏普與郭董的蜜月期，
郭台銘經常帶著家人前往日本，或參觀或遊覽，
瞭解日本文化。隨後鴻夏在2012年3月27日正式
簽訂資本合作協議。

　　出資條件根據夏普要求，以過去6個月的平
均股價為準，算出收購股價是550日圓，鴻海取得
夏普股份9.98%。由於時間緊急，夏普高層町田與
片山，頻頻催促郭董快點簽約（與日本人行事謹
慎緩慢風格大相逕庭），郭董以保留財務盡職調查
（due diligence）做為條件接受了。協議的內容主要
有二：原夏普子公司「夏普堺工廠」，改為郭董與
夏普董事合資（郭台銘個人投資660億日圓，他覺
得堺工廠的風險太大，不願意鴻海股東冒風險，
自己出資也可見他的財務實力），所生產的液晶面
板一半由鴻海收購；第二，鴻海以第三者分配增
資（除股東以外，和夏普業務有關的法人或個人）
的方式出資670億日圓，正式成為夏普最大股東。

　　對鴻海來說，與這個百年企業夏普相遇，朦
朦朧朧中猶如辛棄疾的詞，「東風夜放花千樹，
更吹落，星如雨。……眾裡尋他千百度，驀然回

首，那人卻在，燈火闌珊處。」

股價直直落

　　但好景只維持了不到一個月，夏普公布2011年的財報，赤字高達3760億日圓，是前所未有的高，於是股價一路下跌。2012年3月底，鴻夏簽約時的股價是500日圓，到了8月初降至180日圓，掉了幾乎65%。

　　夏普高層知道了虧損才急急與郭董簽約，郭董則是悔不當初。夏普股價的關東大地震馬上蔓延到台灣的鴻海，鴻海股票也震盪不已。8月3日郭董急急在颱風中，趕往東京與夏普高層會面時，商討降低收購股價，鴻海股票當天跌停板，達到一股79元，是最盛時期400元的20%。郭董回台後，馬上決定接受知名主持人陳文茜專訪。畢竟股市千變萬化，他必須及時駕馭。

　　一向霸氣的郭董此刻顯得意外地柔軟，在接受專訪前的準備工作上，郭董對工作人員的建議言聽必從，選紅色領帶還是乳白色領帶？要不要穿西裝外套？工作人員說，穿襯衫打紅領帶就可，不要穿外套，還要在化妝室裡擦粉seto一番，

他都聽命，不管前日股價長黑，在鏡頭前還是要顯得喜氣，有精神，也可以對剋空頭。

輪到郭董打領帶，顯然平時有人幫著打，但是那天現場只有女強人陳文茜，和經常便裝的攝影、導播等幕後工作人員，都不擅此道，在眾目睽睽下，郭董左弄右弄，第一次打完後，才知道打反了，只得重來，一下就耗了兩分多鐘，手忙腳亂，很不好意思，趕緊要求不要再拍了。

郭董一再強調，以前台灣企業名為與日本交流，但都是日本給台灣技術，此次與夏普談合作，是第一次台灣企業能與日本平起平坐，不但日本很難釋懷，台灣也很多人看好戲。他覺得不解，為什麼那麼多人希望別人失敗，而不是成功。

接著他釐清自己是投資堺工廠（大型面板廠），而且是他私人投資，和鴻海股民無關，與夏普簽約投資的事，只是協議，還沒有實行，也沒有匯出任何錢，請鴻海股民心安。

他也談到8月3日飛去日本，與夏普的前會長町田和前社長片山會談，承諾讓鴻海投資10%，價格以後再議定。

郭董出馬果然效力強大，郭董上節目的前兩天鴻海股價碰觸到79元的跌停價；上節目次日開

盤鴻海就漲停板。市值暴增608.8億元，一晚上賺
回的錢，不單可買下東森電視，足夠買下幾個電
視集團。

與奧田過招

　　儘管郭董止住了台灣的風暴，在日本卻遭遇
橫逆，而且一逆就是4年。因為他要交涉的對象改
了，那年4月間夏普公布財報後，會長町田和社
長片山引咎辭職。接替片山的第六任社長奧田隆
司，於4月上任後不久即對外宣布，町田和片山必
須扛負經營失敗之責，已卸任要職，無權代表公
司並表明立場，對股價堅不讓步，為鴻夏戀談判
破裂埋下伏筆。

　　但郭台銘覺得既跟高層講好，應無問題，8月
下旬再度赴日本時，可以發表聯合聲明。他在東
京時意氣風發，台日媒體多人貼身跟訪，有日本
媒體包了直升機在他駐足的上空徘徊，想搶得獨
家新聞，可見日本上下對此案的重視。

　　當天郭台銘捨私人飛機，從東京車站坐上新
幹線直奔大阪，還與眾旅客一樣，在月台上買了
櫻花便當。中央社記者楊明珠買了一瓶綠茶，走

到郭台銘坐的車廂，遞給郭台銘，告訴他日本人吃便當後，通常喝這種茶，以消除油膩，他欣然接受，「他看起來很自在，我們都等待好消息。」楊明珠說。

第二天早上，郭台銘帶著前副總統蕭萬長及台日產業參訪團參觀堺工廠，預計下午與夏普舉行聯合記者會。然而就在全體記者在溽暑中等了兩個小時，郭台銘已經坐自己的私人飛機回台灣了，留下蕭萬長和戴正吳在現場緩頰，在場記者情緒激憤、劍拔弩張。

郭台銘因為愛夏普太深，所以沒有公開8月30日早上的情況，但可確定的是他沒有見到社長奧田，更無從說要重新議價。9月初，奧田接受《東洋經濟周刊》訪問，還原當天早上情況。他說郭董因被記者包圍，錯過了約會，而自己又要趕往東京。但這都是不願與郭董見面的藉口，主要原因就是不接受修改認購條件。

而這段未了情更顯示郭董能屈能伸。倘若他那天決絕而去，或堅持召開記者會，以雷子著稱的郭董必然不甘，極可能口出惡言，鴻夏戀可能就此打住，而日媒更會一致把矛頭對準鴻海。

用小說家張愛玲的話來形容：愛情本來並不

複雜，來來去去不過三個字，不是「我愛你」，
「我恨你」，便是「算了吧」。

▎夏普內鬥，鴻海談判受阻

　　2年後，郭董接受日媒訪問，說被騙了，有其
事實存在。夏普有幾點可疑處：一，當鴻海與夏
普2012年3月下旬簽約時，夏普雖然還未公布前
一年的財務狀況（日本會計年度是從3月到次年3
月），但夏普4月公布財報，2011年遭受有史以來
最大虧損後，股價就直線下墜。照說，企業的經
營高層早在公布財報前就知道盈虧，尤其公司虧
損，說不定還得下台謝罪。既然知道自己位置不
保，為何夏普會長、社長町田與片山催著郭台銘
趕緊簽約。日本人行事謹慎緩慢，凡事都要帶回
去好好商量，尤其如此大的投資案，這次卻顯然
不同，兩人可能是希望拉攏郭台銘，保住自己在
夏普的地位。郭台銘不知道自己捲入夏普高層的
「降魔殿」慘烈鬥爭，果不其然，兩位高層不到一
個月就下台。

　　為查證一些關鍵事情，筆者曾去函要求採訪
三位社長（町田勝彥、片山幹雄、高橋興三）。結

果，町田親筆回以「拒絕接收」，原信歸還；給片山幹雄的信也遭退返，郵戳蓋著「查無此人」；高橋興三的態度比較平和，託友人寄來電郵表示不接受採訪，還向夏普公關回報有這麼回事。

郭台銘說受騙的第二個例證是他認為明明和高層已說好可以更動股價，但到了社長那裡，卻不認賬，這可能是郭台銘不熟稔日本文化。日本企業凡事都得集體做決定，而且奧田身負社長重任，有權否決兩位大老的意見，只能說郭董疏於瞭解日本企業運作。

▍你不懂我，我不懂你

企業至海外併購深入當地文化最重要。郭台銘後來舉例，日本盛行嘴巴說はい（是的），我們中國人可能會認為是好，但是在日文有多重意義，不代表同意或好，第一重是我聽到了；第二重はい是我聽到你的聲音；第三重はい是知道你在說什麼；第四重はい是我知道你在說什麼，但不同意你的說法，回去再跟你說。

所以郭台銘說，夏普高層已同意另行改動股價，但在日文裡只意味他們知道「郭台銘提議變

動股價」而已，是郭董沒有聽懂他們的言外之意。

　　郭台銘儘管跑遍全世界，見多識廣，打交道者多為西洋人，直來直往，日本人卻是深沉，講話四平八穩。語言學家把語言粗分成兩類，一是低語境語言，如英文、西班牙語、法語等西洋語言，說者講的話就是原意。日文、中文是高語境語言，你不但要能懂話的表面涵義，還要懂言外之意，弦外之音，這都是值得國人參考之處。

　　日本民風較為閉鎖，很難國際化，他們GDP裡70%都內銷，也不必和外國人打交道，台灣GDP百分之百都要靠外銷，對國際接受度高。日本比較排斥外來的文化，民族性屬文火慢燉型。因此，要獲取他們的信任需付出時間。

　　郭台銘初在日本媒體上出現就引起日本人的好奇，覺得他太高調，講話高高在上，坐著私人飛機來來去去，還表明我要的是經營權，我可以把整個公司買下來，傷了日本人的自尊心。尤其從一度是他們殖民地（台灣）來的人，現在要來收購他們的國民品牌。

　　日本人也認為郭台銘想要改變收購價格，又多所要求，是一種台灣歐巴桑式（買菜送蔥兼殺價）的談判法。立命館亞洲太平洋大學教授中田

行彥在《鴻海為何贏得夏普》一書中，提及談判
觸礁的關鍵因素時，引用了矢野耕三的文化差異
視點。矢野說：「日本人不懂和中國人談判。關
西的歐巴桑一定殺價，中國人也一樣，先殺價看
看，成了就算賺到了。交涉就算快完成了，第二
天還會再跑來問，能不能再附贈個什麼的……。
因為這樣，氣跑了夏普……。」

談判難免討價還價，公婆各有理。郭董投資
堺工廠用的是自己的錢，虧本自己承受，但投資
夏普事關股東權益，能省當省更要慎重。

日本最重要商業區分關西（日本本州中西
部地區，指京都府、大阪府、和歌山縣）和關東
（日本本州中部瀕太平洋地區，包括東京都、神奈
川縣等），人的性格特質不同。關西商人也有一種
抵抗威權，偏好獨立的精神特質。著名的關西企
業松下電器的掌門人松下幸之助有句名言，「企業
不是靠『共存共榮』而是『強存強榮』」。更要靠
「自力本願」（有自助天助之意）壯大，需要加倍
努力，始能倖存與繁榮。

夏普縱使這幾年遭遇不順，也尋求自力本願。

2011年，中國看上夏普的技術應允其進入生
產，但夏普擔憂技術會被偷走，覺得自己的液晶

面板應該在日本生產而婉拒了；2012年，不與索尼、東芝和日立同調，拒絕了加入JDI的邀請。

夏普此舉，一方面是硬頸，一方面是愛面子。日本人常說，武士縱使窮得沒飯吃，也得叼根牙籤，假裝吃飽，不要賣身，也不要同情。

鴻夏戀第一局畫下句點。

三星趁虛而入

第二局2012年9月到2015年年中，雙方各自努力，為自己前途打拚。

夏普此時欠缺資金，會長片山和社長奧田開始往國外尋求資金，多次赴美，親自與世界一流企業英特爾、戴爾、惠普、微軟等洽談。但屋漏偏逢連夜雨，國際交涉不順，沒有獲得青睞，最後，說服高通出資100億日圓，於2012年12月3日，以終值172元取得夏普3.53%股份，但不能干涉經營權。

2012年12月13日。三星董事長李在鎔（創辦人李健熙之子，當時為副董事長）赴夏普做禮貌性拜訪，當場表示想出資堺工廠。但夏普當下以「已與鴻海合作」為由予以婉拒。隨後，夏普的董

事建議三星投資夏普本體。當時的考量是三星可以大量購買生產過剩的液晶面板。

針對與宿敵三星合作，夏普內部的意見嚴重分歧。需知堺工廠開工後，第一批產品電視機及面板就被三星殺得血流成河，一蹶不振，大幅虧損，現在要引進，簡直是自毀陣腳。

此時，三星低姿態進攻，表明不干預經營；不要重要技術，如IGZO；日本經濟產業省（相當台灣的經濟部）若反對就撤手等，這才化解了經營團隊的恐懼。後來，三星以接近實價290日圓股價，103億日圓，取得夏普3.04%股份（2013年3月6日），很多業界人士看來，夏普此舉不但引敵入室，更形同飲鴆止渴。果然在此後3年裡，夏普面板獨門技術外流給三星甚多，日本學者和產經官員都徒呼負負。堺工廠在設廠時，千方百計不讓專利外流，引進諸多衛星公司保留在同一園區內（所謂黑盒子技術），無奈黑盒子最終還是被三星撬開了一角。

夏普與三星簽約前一天（2013年3月5日）下午，郭董正陪同蘋果相關人士在堺工廠參觀。那天，他原準備和夏普高層會談，三星入股的消息傳到耳裡，根據《夏普崩壞》一書的說法，郭董

一開始還表示能夠體諒，但後來聽說夏普向三星承諾「不同意鴻海降低股價及增資」，「夏普有義務努力地將鴻海在堺工廠的股份讓給三星」激怒了郭董。

但是郭董能忍則忍，當天晚上與堺工廠屬下吃中華料理時，他表示一定會堅持投資下去，不會變卦，要大家更努力。熟悉郭董的人都知道他的名言：「愈困難，愈要做！」

2013年後半到2014年前半，雙方鴻溝始終無法拉近。2014年3月26日，原是鴻海取得夏普股份的最終期限，但兩家都沒有提出新提案，資本合作的交涉自然終止。這時，原本經常在旁起鬨的日本產業界、媒體、政府機關也悄聲不語。

談判正式進入冷戰期。

▌亞洲黑衣人行動了

在低盪期間，郭台銘沒有喪志，目標依舊清楚，開始摸索新戰術。首先，左右開弓，一貫他在全球的積極布局。在戰略位置上，先堅守日本陣地，後揮軍進擊韓國，再敏速靠攏中國和其他國家。其次，掌握技術和人才，先購買技術專

利，再招募人才。他最喜愛的日本豐田汽車前社長豐田英二有句名言，「人和企業一樣，不能向前的時候，就象徵一切結束了。」

郭董選擇直搗敵人陣地韓國。2014年6月，向韓國第三大財閥SK集團傘下資訊系統公司SK C&C出資，取得4.9%股份，成為第二大股東。2015年雙方在香港成立合資公司，鴻海的中國工廠需要SK擅長的IT技術提高生產效率。

其次，積極開發新事業，爭取雲端設備、太陽電池、人形機器人、汽車零件等訂單，先後與中國及世界級大企業聯手，在人口規模大的市場布局，例如中國、北美、日本、歐洲、印尼、印度、巴西等。其中，最為人熟知的是與軟銀的孫正義、阿里巴巴的馬雲結盟，台灣、日本、中國聯合戰線高調成形，聯手搶攻全球機器人市場。

鴻海因對夏普出資遭挫，先進液晶技術無法到手，而旗下雖有做面板的群創，但缺乏低溫多晶矽LTPS技術，改為購買專利及雇用日本技術員。2012年9月，先是花94.5億向NEC購買液晶相關專利；後於2013年5月，在大阪成立顯示器關聯子公司「富士康日本技研」（2016年8月撤除，併入堺工廠），禮聘夏普原資深技術員矢野耕三、

索尼原副總裁森尾稔擔任顧問；再以120億元人事費，招攬夏普、松下、索尼和三洋電機等中途退職的40名技術員。這些人不僅擔任技術開發，也負責現場實務。鴻海也派遣許多台灣技術員和業務員赴堺工廠學習日本技術（今日媒更加擔憂技術外流），並爭取到美國Vizio（美籍華人王尉所創辦）和中國電視客戶的訂單。

郭台銘也積極拉攏日本媒體，聘請日本公關公司打理媒體事宜，接受《日經新聞》和《東洋經濟新聞》採訪，讓NHK近身採訪，例如他主持視訊會議，和大陸主管討論如何運用雲端儲存加速鴻海生產力，拿著豐田英二的書《決斷》以及和女兒一起學日文、玩遊戲等畫面，都是第一次在全球電視畫面出現，充分呈現他既陽剛也溫情的多面人生。

此時的夏普前景仍吉凶未卜。

郭台銘霸業

CHAPTER 10

兩段情下：修成正果

潮水退了，才知道誰真正有肌肉。

───── 郭台銘

　　戲劇第三部通常是結尾，也是高潮；那個男人勝利了，夏普做為一個日本企業，必須成為台日混血企業。

　　2016年4月2日，鴻海夏普簽約日，是台灣和日本產業史上值得記錄的一天。春陽爛漫，照在一草一木上，寸寸皆是光明。

　　記者會歷時160分鐘。郭台銘在插著中華民國國旗及大和國旗的大堂，面對400多位國際記者，全程用流利的英文致辭，笑顏逐開回答問題。他盛讚夏普的創新文化、推崇夏普創辦人早川德次的精神，夏普有上百種產品，卻未能成功商品化，鴻海的任務就是幫助他們商品化、大量生產、創造物美價廉的產品銷至全球。鴻海規畫將傳統家電導入物聯網應用，打造智慧家庭新藍圖。

　　從過去的代工帝國，到如今擁抱夏普產品。

　　當時有位台灣記者問他：「鴻海是台灣企業，台灣企業如何管理一家日本企業呢？」

　　郭台銘回答：「這不是台灣企業買日本企業，鴻海是全球企業，夏普也是全球企業，這是兩家全球企業的合作。」

　　他和封號德川家康的戴正吳（因最後取得經營夏普的權力）、大阪商人高橋興三的高度配合

下，時而舉杯互祝，時而拍肩勾背，完美演出。

　　郭董特別體諒400餘位各國記者，事前就請公關人員告訴台灣記者，晚上還有專為台灣記者舉行的記者會，這個場次留給國際記者，尤其日本記者發問。

　　晚間，台灣記者會裡郭董賣力演出，他化身超級推銷員，抱著夏普的「蚊取空清」清淨機、抹茶機及電氣無水調理鍋，一個一個介紹。重申鴻海將結合夏普品牌與鴻海的製造成本優勢，讓消費者可望以更便宜的價格，買到夏普高品質的家電產品。

█ high 極的晚上

　　當有人問聯日對抗三星夙願得償，「我不想提的那個名字。」鴻海董事長郭台銘對南韓三星充滿對抗的敵意，記者會上連三星的名字都不肯說。他舉例，OLED的弧型電視，只有坐在正中央的人看得到，兩邊的人看的是彎曲的，「買弧型電視的人不是神經病、就是土豪。」

　　對於OLED手機可彎曲、折疊，「為什麼手機要能疊起來、展開來，又不是當毛巾用。」郭台

銘取笑南韓三星的OLED，根本是「ALL累」（都很累）。網路流傳一支未來概念手機的動畫，可以自由拉開變成平板尺寸，郭台銘妙評，「又不是八仙桌。」

▌ 回首百轉千迴的聯姻

「他那天實在很high」，中央社駐日記者楊明珠說。

他怎能不high，從30歲生日那天起，就佩服的日本技術，不但學到了，而且擁有了，人生夢想有幾個能實踐呢？人生路上岔口太多，很多人少了一點運氣和緣分，夢想未臻，徒呼負負。

日本媒體和台灣媒體的報導內容明顯不同。日媒普遍有著失落感，甚至連郭台銘著名的鯰魚笑話，都認為這是台灣的寓言，在日本講不通。

但是成者為王，敗者為寇，就算歷程走得顛顛簸簸。為什麼後來能轉敗為勝呢？

自從第一階段談判破裂後，郭台銘也卯足勁，爭取日本各界的好感。充分顯示他虎與狐的本領。

他梳理夏普的關係網路，知道夏普不是鴻

海，日企也不是台企，老闆說了算，他必須應付
很多夏普內內外外的「郭台銘們」，才能爭取到這
家名牌企業。

夏普此時已有2家銀行出資，因此2家銀行有
4位董事派駐夏普，他必須跟這些董事套交情、闡
述鴻海出資對夏普的益處，可以解救夏普的燃眉
之急。而且在媒體上放話，他可以使夏普轉虧為
盈，提升股價，兩家都會受惠。

2012年開始，相對於鴻海的積極靈活，夏普
前景仍吉凶未卜。對夏普技術難以忘情的郭董，
在2015年春天重傳秋波。當時，夏普的赤字達
2,223億日圓，股價下跌，經營陷入危機中。談判
就在這時再現曙光。

2015年6月，社長高橋興三在股東大會釋出
善意，表示不會全然拒絕鴻海的援助；7月31日，
再度在財報會議中鬆口，考慮將面板事業分拆，
願意與其他公司合作，甚至接受入股；兩家各整
衣冠，重新再來，就如一場奢華的盛宴，每每盛
裝出席，結果卻總是杯盤狼藉。而下一次盛宴到
來，卻依然又要盛裝出席。

2015年12月，夏普帶息債務增至一兆日圓。
鴻海出面表示，願意溢價入股夏普有意分出的面

板事業，並將擬砸下的資金從2,000億日圓，提高至5,000億日圓。

但是2016年1月11日，程咬金日本產業革新機構（INCJ）殺出。

INCJ是日本政府和19家主要公司合作經營的公私合營機構，主要目的是振興日本經濟，避免重複投資，浪費資源。總部設在東京，轄下企業和投資受到日本經濟產業省的監督。類似我們的開發基金。

在該機構1,120億日圓的總資本中，日本政府提供90%的資金。日本政府同時為INCJ的投資提供高達1.8兆日圓的擔保品，使其具備了將近1.9兆日圓（240億美元）的投資能力，是標準的國家隊，財大勢大。

INCJ於2012年成功整合成立JDI，包括索尼、東芝及日立的LCD中小尺寸面板事業（夏普聲稱身為勝利組不參與失敗組）。

INCJ對外公開將砸2,000億日圓爭取夏普面板新公司90%股權，希望技術不要外流。夏普開始芳心動搖，並對外宣稱已和兩家債權銀行針對INCJ所提重建案展開協商，不排除優先與INCJ合作的可能。

　　在19世紀美國經濟方興，出現很多財大氣粗的巨富，他們都想到歐洲去娶親，期與貴族之女結合，提高文化底蘊，走上富而且貴。然而很多歐洲貴族之女卻不願意，縱使已家道中落寧願把女兒嫁給歐洲窮貴族，也不願下嫁給美國富豪。很像此時的夏普，你再有錢，我還是不嫁。

▎ 破鏡重圓，再次求親

　　此後過程驚險萬分，每天都有新發展，也成了資金大競賽，1月19日，INCJ考慮將資金從3,000億日圓提高至5,000億元，以對抗鴻海。鴻海則回以增資加至7,000億日圓，近身肉搏。3天後，1月22日，日本媒體紛紛報導，INCJ收購夏普大勢已定；4天後，1月26日，郭董急飛日本，幾天內先後向日本經濟產業省、債權銀行、夏普高層等明志，馬不停蹄。郭董並搶先對媒體宣布成功在握，但隨後就遭夏普否認。

　　1月30日，郭台銘再赴位於大阪阿倍野的夏普總社，與夏普社長高橋興三會面，兩人面談兩個半小時，出來時他圍著一條黃色圍巾，非日本天氣太冷，這條圍巾可是大有來頭！原來，這

是2014年12月5日，郭董迎接山西關帝祖廟關公來台灣遶境時的神物。關羽是三國時的猛將、一夫當關、殺敵數萬，而圍巾左右各寫著「關帝祖廟、萬事勝意」，應是郭董希望在驍勇善戰的關聖帝君隨身護駕下，能夠擊退主要敵人INCJ，早日將夏普重建案談下來。他在關西國際機場對當地媒體表示，「夏普是個百年企業，我希望幫助夏普再做個100年」，打動很多愛護夏普的人。他也表明，當初是太急了些，應該多瞭解日本文化，這大概是鴻夏戀以來，郭董表明最大的道歉誠意。

不到5天，夏普董事會改口優先考慮鴻海案。高橋隨後召開記者會坦承鴻海案較優；次日儘管是小年夜，郭董早上五點鐘搭乘私人飛機赴大阪夏普本部與高層懇談8小時。

2月18日，郭董在鴻海新年團拜後，再度赴日拜訪軟銀、佳能等公司，尋求合作途徑；並向外界保證不裁員，2月25日，夏普臨時董事會一致通過接受鴻海案。

好不容易，鴻海搶親成功，正待飛揚時，又發生夏普出現「或有債務」（contingent liabilities）事件。

2月24日，就在夏普臨時股東會開會（投票

是否投向鴻海）前一夜，夏普親自向鴻海遞交一份「或有債務」清單，約100個項目，金額達3,500億日圓，有如晴天霹靂。其中包括解聘員工的費用、員工宿舍貸款債務保證金、太陽能面板原料、工廠電力供應長期契約等。其中最令人震驚的是，幾個合約簽下來，都形同賣身契。例如為了保證太陽能面板原料矽的來源，夏普與供應商以高價買12年，但是簽完後，矽價直線滑落，只剩原價的1/10，而夏普依然要付簽約時的價格。

另外，因為要確保iPhone的訂單出貨速度，夏普與上游零件供應商簽下供貨量協議，但當蘋果訂單減少，夏普不需要這麼多零件時，仍然要付款，就成了負債。

▍百餘精兵查帳

郭台銘接到這個文件，勃然大怒，簡直像婚禮前，才發現新娘有殘疾，不值如此大聘，取消了日本行（本預備在那天飛往日本）。夏普社長高田趕緊飛往深圳龍華廠，苦等數小時，見不到郭台銘，連通常擔任代打的戴正吳都不出現。日本媒體紛紛猜測郭董認真考慮是否取消投資夏普，

但是親近人士都覺得不宜。

2月底，鴻海派出律師和會計師100多人查帳，兵分二路。其中，先遣部隊赴夏普總部評估債務問題，另一組負責釐清關鍵文件，目的是為了瞭解收購金額是否合宜。

之後，鴻海大砍條件，提出降低出資4,890億圓。3月14日，夏普向債權銀行融資的5,100億圓，償還期限於3月底到期，不解決資金夏普將面臨破產，大限逼近，高橋親訪鴻海在台灣總部。3月25日，夏普2家債權銀行應允鴻海降低出資額1,000億圓。鴻海點頭同意，最終以3,888億圓成交，鴻海占66%的股份，主導經營綽綽有餘。幾乎比去年價格便宜了一半。

郭台銘和記者回憶這幾個月的經歷，「我幾乎沒有一個星期不在飛，飛東京、飛四國、飛大阪，更是一天一個地方。但是，決心是我們的意志、奮鬥是我們努力的方向。」他接著說：「有句俗話說，潮水退了，才知道誰是真正的裸泳，潮水退了，才知道誰真正有Muscle（肌肉）。」

鴻海勝出的關鍵，是夏普在2015年底已經到達山窮水盡的地步，積欠銀行近1兆日圓，資產減負債已是負數，四處求援，卻已經沒有銀行再伸

手了。

　　鴻海這時用上了他的法律團隊。擁有上百名
法律專家的鴻海陣營，早與夏普的2家債權銀行瑞
穗和三菱東京UFJ諮商，將日本的法律研究透徹，
拿出「露華濃基準」（Revlon Duties），嚇阻夏普經
營團隊。

　　根據MBA智庫網站資料，露華濃規則是當公
司被出售已經不可避免時，董事會應當採取措施
使股東利益最大化。它是美國德拉瓦州最高法院
於1986年審理露華濃公司與福布斯控股公司一案
中確立的法定原則。董事會的角色從公司的捍衛
者轉變為拍賣者，因此董事會接到收購要約時，
不能立即同意並敲定收購價格，而是給其他潛在
的收購方合理的時間，為公司等待更高的收購價。

　　而此時鴻海的條件比INCJ好得太多，因此得
標在望。

　　而且鴻海提議留下整個公司，是先讓其整體
重生後，追求成長。INCJ則站在培育國家產業的
立場，先對夏普各事業部門進行整頓，待想出各
事業群今後較合適的發展型態後，再併到其他日
本企業裡。簡言之，鴻海是整碗捧走，INCJ則主
張分家。

鴻海的重建策略偏向保留夏普全部的資源，包括留下液晶事業部門、繼續使用夏普品牌、盡量不裁員、40歲以下的從業員維持雇用等，因而被評價「優於INCJ」。

▊ 人脈優勢奏效

郭台銘從2012年起在日本建立的人脈，也開始用上派場。他大量接受日本媒體採訪，其中最著名的是NHK的貼身採訪「亞洲黑衣人行動了」。

在缺乏強人領導的日本企業界，郭董自稱「獨裁為公」，做決策果決快速，交涉能力高強，與一般日本上班族社長截然不同。

他屢屢拜訪日本企業名人，如有「日本郭台銘」之稱的日本電機董事長永守重信，也與知名企業家孫正義結成好友。

日經BP記者大西孝弘提到孫正義的機器人Pepper產自鴻海集團在山東煙台的工廠。沒有鴻海Pepper不可能大量生產。

不僅如此，郭台銘還送孫正義一台純金的iPhone做為禮物。這支手機採用18K的生金製作，拿在手上比正常的iPhone重得多。生產了上千萬台

iPhone的郭台銘，只為妻子和孫正義各特製了一支純金iPhone。

掌握夏普生殺大權的董事有13名，由他們投票決定選擇哪個方案。當時，傾向鴻海的有4名董事都是夏普的債權銀行，後來夏普的會長水嶋繁光、社長高橋興三、員工董事等也對鴻海案有好感。主要是鴻海不像INCJ那樣，毫不客氣的要他們卸職謝罪。最後，董事會全體投票給鴻海。

回首來時路，到底鴻海是不是4年多前就應出資了？郭台銘多花一點錢取得很具優勢的經營權，讓鴻海流貫徹到夏普內外，這樣的交易值得等待嗎？這也考驗他的種種名言是否能跨海重生。

在大阪堺工廠有一條路名叫Terry Road，長600公尺；是郭董出資興建，讓上下班的員工遇有風雨可遮蔽，堺工廠員工感念之下以他的英文名字做路名。寬約兩個車道的Terry Road，頂蓬和側邊採透明材質，走在上面可仰望藍天，也可側看綠草紅花，讓人心胸開闊。

這世上，沒有一樣感情不是千瘡百孔的，日子總要過下去，但對夏普人，日子不會如往日風平浪靜了。

郭台銘霸業

CHAPTER 11

再造夏普，郭戴體制發威

全世界人類都一樣，沒有黑人白人的人種之分，只分有頭腦和沒頭腦的；有責任和沒責任的。

———— 郭台銘

　　夏普賺錢了？的確是如此，出乎了很多人意料之外。

　　8月底，鴻海副總裁戴正吳，帶著很多人的期望及懷疑，成為夏普百年來第一位外籍社長，也是極極少數日本大企業的外籍CEO（其中絕大部分還是歐美人士）。每天早上七點十分他一定抵達辦公室，日本媒體全天候分兩班守在他的單身宿舍前面，不但要看他如何重整夏普，也看他是否裁員，是否依照諾言，要將夏普在大阪阿倍野的起家厝買回來。

　　不久後，戴桑接到母校大同大學要頒發榮譽博士給在異域奮鬥的他，很窩心也很激動。大同大學在這之前只給出了兩個榮譽博士，一是李遠哲，一是Jamco航太公司前總裁李英鎔，而他是第三位。「65歲這年，我重新出發走向國際舞台，之後就獲得了這項榮譽，實在很訝異，」他在頒授榮譽博士典禮中說。

　　有著創業家的衝勁及專業經理人的謹慎，戴正吳一生也是傳奇，奠基在台灣經濟奇蹟上才有的傳奇。一介平凡男孩，家境清寒，而且不是自小品學兼優（他自己也坦誠，從小功課平平，只得過全勤獎），但是藉由40多年孜孜矻矻、殫精

竭慮，跟對老闆，進對行業，成為日本企業的總
裁，獨自擔負這家百年企業的中興。他其實也是
很多台灣企業家白手起家，奮鬥不懈，終致有成
的寫照。

　　戴正吳出生宜蘭，家居偏鄉，考取大學前，
從沒來過台北（那時沒有北宜公路，當然更沒有
雪山隧道）。高中時，母親中風，所以考大學只能
選公立的，他對經營有興趣，又敬仰王永慶創辦
石化工業，把大同化工系填第七志願，因為大同
創辦人林挺生堅持工業報國，培育人才，只收公
立學校的學費。

▌惡魔島上的歷練

　　戴正吳是熟悉日本的，在大學裡日文特別優
異，連續兩年日文成績拿下全班第一。大同工學
院畢業後，他進入大同公司，接著好不容易考上
外派日本的工作，在日本待了3年。對媒體、對同
事、對股東，他最津津樂道的是在1977年，返台
前半年，獲派到位於日本新潟縣佐渡島一家名為
內藤電誠工業實習。

　　佐渡島，在歷史上以「惡魔島」著稱，有如

台灣的火燒島（綠島）專門囚禁犯人，用犯人挖掘島上金礦。那裡冬天溫度低於攝氏零下10度，白天受訓，晚上日式旅館裡冷風刺人，他都忍受了，而且挖到日式管理的精髓。「你們要對我有信心，我對日本很瞭解，」他在2016年鴻海股東會裡說他不擅華麗辭藻，說話和做事同樣踏實。

在鴻海，他一路從課長升到副總裁，都是靠實力，而且涉日多年，他拿到了Play station和任天堂的訂單。做企業的人都知道，日本人挑剔、重細節、求完美，近年來還不斷要求降低價格，能和日本人做成生意就可以和世界人成交，奠定鴻海在世界消費電子代工的領域。一度，他還擔任「競爭產品事業群」總經理，集團裡最難搞定的生意，都由他出面領導、協商、督軍，最後達到目標。

那些年他來往台灣、日本、大陸深圳、美國之間；在美國吸收最新資訊，到台灣與總部協商調度指揮，去大陸研發新生產技術、新製程、設立新產線，到日本以高品質、低價格、準時交貨敲定訂單，再回大陸督軍大量生產，也為他贏得「成本大師」的稱號。他總是低調，絕少接受媒體專訪，在公開場合極少講話，但治軍極嚴，是鴻

海執行力和紀律的代表，也就是扮黑臉。

在電子產品售價不斷下降之際，戴正吳能達成郭董規定的每年成長30%，就要讓訂單數量增加30%以上，才能彌補價格的降低，但爭取到這些訂單後，還要用原來的人力來繼續成長，才能增加利潤。

他也是速度大師，戴正吳指出，許多鴻海產品不但是零庫存，還是負庫存。因為備料零件一進發貨庫房，還來不及登錄到存貨上，就讓生產者同時領走，反而是時間還沒到，下一批的出貨單已到了發貨庫房。戴正吳解釋，備料到了一段時間（2到4週）不出貨，就馬上打成庫存呆料，先折價一半，所以要是沒有準確算好出貨進貨的時間，嚴格執行時間表，財報上的業績就會很慘，所有人年底都拿不到獎金。他充分執行郭董的「速度快的人賺錢，速度慢的人轉庫存」，還要頂尖業務才能賺到錢。

▎聽話、能做事，還幫老闆擋子彈

他的另一特長，相信也為很多老闆欣賞，願意為老闆擋子彈，扮白臉。例如2014年8月底，

郭台銘因為無法見到夏普當時社長奧田談論收購的股價問題，憤而晾著上百位中日媒體記者，自己搭飛機回國，留下前副總統蕭萬長和戴正吳在場。台日媒體對他萬箭齊發，他仍然打起精神，展示無辜的笑容，再一面解釋郭董不能主持記者會的原由。

　　郭台銘不願對記者發言時，戴桑會出面講些模稜兩可的話，讓記者可以回去交差。在去年股東會時，他對股東說，「郭董沒有私心，你們看他買3架私人飛機，都是為公務，但有風險的投資，都用自己私人資金，如堺工廠的10代線。我們大家都給郭董拍手。」現場響起熱烈掌聲。

　　一位看盡企業人事起伏的知名會計師指出，往昔在企業內升官要不聽話，要不會做事，兩者有其一即可，但是現在企業內外挑戰不斷，能夠升上去的幹部既要聽話，也要會做事。

　　戴正吳接下的擔子沉重，他必須鼓舞夏普多年來低沉的士氣，還要顧及台日文化的差異，更要面對窮山惡水的家電業。他上任後的第一張成績單就令人滿意，2016年底夏普已轉虧為盈，但這不表示今後都可以賺錢，最重要是他必須找回夏普創新的靈魂。「你可以買下它的身體，但不一

定能買下它的靈魂。」前工研院產業知識經濟研
究中心主任杜紫宸說。

　　相信郭董也是看中夏普的靈魂，才願意出高
價。的確，很多業界及併購專家都說他買得太貴
了，連出身夏普的矢野耕三都覺得他買貴。當然
可能郭董想要掌握經營權，但是要掌握經營權，
也不必出資到66%。

　　顯然，郭台銘看上的不只是淨資產和淨負債
而已，夏普的靈魂包括高水準並敬業的員工。十
年前夏普招新幹部時，5萬人報考，只取70人，全
都是名校，日系企業員工以忠心耿耿出名。有個
流傳已久的故事，日本企業員工坐飛機出差，一
定要把自己攜帶的資料備份，免得飛機出事，公
司蒙受損失。

　　在天理的夏普博物館裡，導覽的組長雖然對
前途未知（筆者訪日時，戴正吳還未上任），心裡
有點倉皇，但是她仍然興致勃勃地向來訪賓客介
紹夏普的各種發明，遇有問題她答不了，翻出很
多夏普歷史文獻，非要找到答案才休止。

　　矢野耕三說：「我們設定目標要發展液晶，
這裡不通，就從那邊走。」這種「never said quit
attitude」的DNA就是台灣企業要從他們那裡學習

的。這也造就夏普無數潛在的技術。

鴻海副總裁呂芳銘和負責半導體部門的劉揚偉，這一兩年頻頻造訪夏普，形容夏普到處都是寶，如半導體、面板、感應器都是他們自力發展的，有很多專利，只是都沒有系統化，也沒有很認真去做專利行銷。

▌一用30多年的夏普冰箱

光看品牌，鴻海買下來就大為值得，鴻海多年代工，總算有個品牌，而且是日本百年品牌，應該價值連城。美國賣場裡，夏普電視是高級產品，價格和索尼相仿，比三星高，更比 Vizio 及中國品牌海信價格高，對中國大陸夏普也有一定程度的魅力。來自山西太原，目前在日本熊本學園大學任經營學的教授喬晉建說，在大陸，夏普品牌只要售後服務好，可以比「美的」或「創維」等品牌拉高一成的售價，消費者會願意買單。

郭台銘認識一位北京教授，30多年前，在美國留學，買了一台夏普冰箱，在美國用了一些年月，又帶回中國，起先是在他家用，家裡買了新冰箱後，又把夏普冰箱擺到實驗室裡，到現在還

在用。這位教授對郭董嘆道：「真耐用，要丟實在可惜。」「這大概是夏普虧錢的原因吧！太耐用了，」郭台銘在2016年股東會裡半開玩笑地說。

郭台銘對每個夏普家電都如獲至寶，電視、空氣清淨機、水波爐，都親自圍上圍裙示範用法，也拉出太太來宣傳（曾馨瑩喜歡用夏普的吹風機，因為吹起來頭髮不會打結）。他中意的不只是一項項產品而已，更是將來家電連起來形成智慧型家居生活，可以蒐集大數據，可以成就雲端，更可以成就機器人，他從來不是一箭雙鵰，而是一箭三鵰、四鵰。

但是鴻海並不能坐享夏普品牌，善後事宜繁雜紛紛，因為夏普海外品牌都分散給當地代理商，郭台銘從4月開始，乘著私人飛機，天涯海角，一個一個國家跑，去找當地代理商談判。縱使母親節都不得空和母親及妻子一起過。

台灣的代理商陳盛沺很「阿沙力」，一下就談成了，台灣夏普將解散，另外成立一家公司。所以台灣的夏普品牌很快就由鴻海接手了。

但是香港和美國，卻談得不順，香港尤其艱難，這家公司的負責人是夏普在港代理商的第三代，一個月只到公司上班2天，年薪5,000萬日

圓，夏普還派10個日本人前往協助。夏普總社給他的貨品，必須保證利潤，還要從日本派人來幫忙解決問題。「這實在不符合經營原則，有一點像清末時黃旗子弟吃皇糧，坐享其成。」郭台銘說。

▎鴻海流成主流

單槍匹馬前進夏普的戴正吳，必須萬箭齊發，邊整軍邊前進，一面樹立新的企業文化（鴻海與夏普結合），一面又要適度維護夏普的傳統，以爭取軍心。

改革從來不容易，郭戴體制從鴻海8月入主後，就備受挑戰。最大問題，仍然是台灣的企業如何能管理日本企業，台灣人如何能賓主易位管理日本人，優秀的日本人如何能被「殖民地」的人管，尤其是和日本習俗違反的情況。

對此，郭戴體制採取五策略入主夏普：

一，**堅持改革**：例如以前日本企業講究集體決策，但是郭台銘的鴻海流主張獨裁為公，決策要快就不可能有長時間、多人的討論，也因此社長室功能特強。

日本媒體描述社長戴正吳辦公室擁有200名員

工，號稱首相官邸。對此，他的回應是，自己以一外來人身分，總是要被評論。200人中有60多位法務人員，負責將過去夏普與供應商所簽訂的契約重新協商、談判。相較以前，這個社長是要做事的。

戴正吳重視整合機能，還要將過去的不平等革除，將所有單位、機能整合在一起，直接要求，算上法務、採購等200多人並不算多。

郭戴體制的改革不可謂不劇烈，東京分公司啟動組織重組，現有的600名員工將陸續分配至新的事業單位或者適合的部門。

為了加快落實決策實行的速度，戴正吳將夏普組織重組為10個事業單位。管理層中央集權於以大阪本社為核心的「管理總部」，更利於管理與落實中央的結構改革戰略。

鴻海絕對不是蕭規曹隨，甚至刻意要打破慣例，很多作為在夏普是經年慣例，例如不管公司怎麼虧錢，董事照拿薪水、紅利，辦公室、司機、祕書一樣不少，但是鴻海進去後，以戴正吳為首的社長董事率先不拿董事薪水，其他董事只得效法。「公司還在赤字經營，身為經營者還領薪水，是不應該的。」戴正吳批評。

二，**降低成本**：戴正吳任夏普社長第二天正逢星期日，就與夏普各主管開了一整天會議，確立30幾項改革方案，大部分針對夏普如何降低成本，員工稱之為聖書。

夏普面板的零件供應商都是日本企業，價格自然高，戴正吳要下屬與供應商重新議價，或者與富士康及鴻海聯合採購，要不就轉向台灣的供應商。光這樣，在2016年9到12月間就省了100億日圓，占其虧損的1/3。

鴻海改革的策略很清楚，第一要節流，節省成本為首要要務。往昔夏普沿襲日本作風，品質要一流，價格也要一流（第一高），很多行業被台灣、韓國和大陸品質中等但價格便宜，也就是CP值高的產品追上。

連日本政府花錢都不手軟，人走的地方一定要鋪柏油路，一點都不能留草皮，「他們都是好也人（有錢人），沒過過苦日子。」郭台銘在股東會裡說。

三，**節流，也要開源**：在郭台銘掌堺工廠10代線時，就已經開始提高附加價值。例如堺工廠所生產的面板本來只單賣面板而已，鴻海進去後改造製程、節省成本，經過與部屬開會後，決定

將面板做上邊框，就可以賣較高的價格。

鴻海更利用郭台銘多年來在世界各國所建立的客戶關係，為夏普開闢銷售管道。例如大陸的雙11購物節，11月11日本來是光棍節，因為兩個1，形狀如棍子，阿里巴巴著眼單身聚會商機，首創折扣購物，各電商跟進瘋狂砍價，中國近5億網民也瘋狂購物。

▌打折打到同業骨折

富士康在購物節前極力促銷，買70吋電視搭配送60吋電視，還動員上百萬中國員工圓「小老闆」夢，成立「超級推銷員」專案。這些小老闆上富連網登記為夏普推銷員，將舊識新朋一網打盡，不到一小時就賣出一萬台夏普電視，占阿里巴巴（天貓官網）最高台數。

郭董推出的破盤價深深震撼家電業，一名資深業者更說：「這簡直就是打折打到對手全都骨折。」

同業骨折的結果，使得夏普一天就進帳合30億台幣。根據大陸媒體報導，從去年雙11開始，夏普在4個多月來已經達成了銷售量100萬台的成

績單。

對於夏普頗有競爭力的太陽能發電設備（電池等），日本媒體紛紛謠傳，鴻海將要關閉此部門，但是夏普不久前宣布，將攜手軟銀孫正義進軍中國既有的管道，如內蒙古、新疆等太陽充沛的地方。

四，讓夏普員工體會速度感：本來郭台銘對外宣稱少則2年，多則4年，夏普一定會轉虧為盈，但是忠誠執行郭董命令的戴正吳，在去年底已經交出亮眼成績單，根據夏普高層對《日經新聞》透露，明年第一個季度應會邁向盈餘。這在文縐縐慢郎中的日本企業來說，實在很困難，但是講求速度的鴻海，不願意放慢速度。「我們花很多時間來思考，對夏普究竟應該是緩慢復甦的L型，或是快速復甦的V型，我們選擇了V型，」郭台銘多次暗示，速度已經深植在鴻海DNA裡。

「併購後，必須一鼓作氣，盡快做出成績，以安定人心。」台灣併購與私募股權協會理事長黃日燦說。

五，軟硬兼施，棍子與胡蘿蔔並行。戴正吳每天七點半上班，進辦公室之前，必定前往大廳對早川德次銅像鞠躬，期待德次的護佑。要說做

給員工看，也未必，改造夏普一重江水一重山，真的需要創辦人保佑，而且到人家地盤，當然得尊重先人。

▌月亮就在一步之遙

他找到早川德次的80餘歲女兒，與她共進晚餐，向她請教早川創立夏普的精神。他在給員工的信裡描述，在回家途中，天空上掛著60餘年來最明亮的一輪月亮。看著月亮，他想，夏普要重振雄風就像這個皎潔的明月，只有一步之遙。

「這不是簡單的一步，但我會與所有員工一起完成這一步。」他在信裡寫著。

很有人情味的，郭台銘在為時9個小時的尾牙聯歡晚會請到在夏普工作的早川德次孫子，並且稱讚雖然是創辦人之孫，但仍然中規中矩，從基層做起（現在是中階管理人）。

而在雷厲風行改革的同時，戴正吳也展現很誠摯的善意，盡量遵從日本風俗。例如日本企業不裁員，夏普在最困難時期，也只有祭出辦法讓員工自願優退，而日本看鴻海入主夏普，最在意的就是會否裁員。

截至目前為止，鴻海改革措施都是將員工調職。例如關閉東京辦公室，人員也轉調，日本媒體似乎無法就此問題置喙。

去年底，雖然公司還在虧損，但仍然發給每個員工平均一個月的冬季獎金，以鼓勵軍心。此外，績效表現優異的員工，將獲得總統級特別獎金。他也擬定新辦法，讓夏普員工及高階幹部享有股票分紅，自從鴻海入主後，夏普的股票從88日圓漲到400日圓，此舉對員工甚有吸引力。

策略能夠實施，全賴戴正吳有清楚的目標（當然得與郭董商量），短期、長期兼具。短期目標之一是在2018年會計年度4月以前，夏普股票一定要重返東證一部。夏普前因不堪虧損，股票被打入東證二部，被視為奇恥大辱，這是他鼓起員工熱情的第一步。「返回東證一部後，我就可以回台灣了，」他在接受媒體聯訪時嘆道，「我已經是60幾歲的人了，還要在異鄉多久啊！」

▌每月一信看方向

對夏普的長期目標，戴正吳透過一封封給員工的信傳達給上上下下。其中最重要的是恢復夏

普精神，做創新的產品，也要團隊合作。

　　戴正吳的致員工信在日本可謂創新，往昔日本企業主決策及溝通都只給高階主管，底下人只是奉命行事。甚至在公司最危急時，公司賣給誰，雖然關係到每個員工未來命運，「都是媒體先報導，員工才會知道。而媒體的報導可信度多少，就很難說。」夏普廣報部參事植村豐土去年7月在接受記者訪問時說。

　　戴正吳重視溝通的程度在日本企業家裡數第一，上任後，平均每個月都給5萬位同仁一封信。他要做日式繁文縟節的終結者。

　　上任10天後，戴正吳發出給員工的第一封信提出獲利第一，從事13項改革，因為他堅信虧損是企業經營最大的罪惡。第二封信強調One Sharp，要夏普同仁打破部門界限，互相協助，每人都盡己所能。第三封信提出Be original，發揮早川精神，就是做創新產品，創新服務，結合「誠意」和「創意」，重新尋回客戶和消費者。第四封信、第五封信則是很具體的策略，夏普正在打造8K電視生態體系，並在物聯網領域加速實現智慧家庭，並開發4.5代OLED面板產線。夏普要重新進入半導體事業，此外，透過投資或是併購核心

裝置及製造技術的方式，落實相機模組事業的垂直整合。

從戴正吳的幾封信裡，他清楚闡釋未來方向。《哈佛商業評論》雜誌最近在一篇「訊息溝通領導力」的文章中闡述訊息溝通的重要性。很多領導人認為自己已盡溝通之力，員工應該很清楚知道領導人的目標及意圖，但是事實不必然，尤其關於公司要大幅組織重整，目標再設定等重要工作，領導人必須掌握溝通主導權。

作者約翰・漢姆在文中舉例，著名商場女強人惠普前總裁菲奧莉娜重整惠普時，剛開始為顧及衝擊巨大，很客氣、很委婉地說出自己看法，但是愈含蓄，員工更恐慌，更多流言，更怕危及自己。惠普公司處於停頓階段3個月，因為誰都不敢確定自己有何決策權，供應商也不知和誰聯絡，公司因此蒙受了巨幅損失。

語焉不詳的溝通，往往未能清楚解釋領導人的真意，很可能會替組織帶來一場災難，「但若能適度聚焦，卻足以發揮意想不到的槓桿效果。」漢姆提醒。

▎重返榮耀的夢

郭戴體制在入主夏普後的第一個季度就展現威力。營業虧損比去年同期縮減83.7%，營業額與前期相當，顯示不是靠降低產品售價，而是靠削減成本或者提高附加價值。

很多日本熟悉企業運作人士對郭台銘期望甚高，希望他能做高恩第二。高恩是法國雷諾汽車與日產合資後派出的總裁。他大舉改革體制，創新汽車設計，而且對日本文化敏銳，和員工一起看足球，員工對他心服口服。

日本熊本學園大學華裔教授喬晉建認為，日本人尊敬強者，尚武精神十足，鴻海具強勢文化，夏普目前處於弱勢，只有接受，鴻海若能將本身的經營文化強加於夏普，治理沒有想像中那麼困難。因為夏普是一支被打敗的軍隊，讓它服從強勢管理並不困難。

「一個有活力的企業來經營一個沒有活力的企業，很容易打敗沒有活力的企業。」喬晉建說。

但是重整到成功，道阻且長又多荊棘。根據最新日媒指出，郭台銘個人投資的堺工廠區年虧損160億而同期LG、友達、群創都有10%以上毛

利率。「至少要5年，才能看出是否真正成功。」一位接近鴻海的人士指出。

公司購併成功機率不高，中外皆然。台灣尤其有很多失敗前例，例如李焜耀的明基購併西門子手機部門，一年後，李焜耀斷然宣布停止投資，一共損失360億台幣，一天就虧損一億，因此台灣企業界都稱此為「360億的教訓、一場不會贏的戰役」，也是一向意氣風發的李焜耀第一次人生大挫敗。

《日經新聞》在12月推出一系列報導指出，戴正吳擅長削減細微成本等進行合理化改革。但卻沒有描繪出讓員工抱有希望的藍圖，也就是給失落多時的夏普員工一個夢，成為鼓勵員工不斷改變，不斷前進的動力。

《日經》引用夏普內部傳言，郭台銘視察夏普工廠時，曾問技術人員，這項技術3年內能盈利嗎？夏普的某位中階管理人員抱怨：「如果變成只是對鴻海言聽計從的鴻海日本法人，夏普不就失去存在意義了嗎？」

一位鴻海前高階主管指出，品牌建立不容易，舉凡行銷，組織、吸引顧客都必須做得細緻完美，未來工業也不是大量生產，而是個人

化、小眾化、工藝化，和過去鴻海擅長的代工戰爭——高速、大量、降低成本，很不一樣，所需員工特質也不同。

更有市場分析師指出，夏普品牌累積聲譽不易，不管現在及未來推出何種產品，鴻海需要有更細膩的操作；可以大量生產，但是必須更注重品質，方能互補長短。

此外，喬晉建認為日本社會重團隊，不興個人主義，郭台銘應該尊重此特質，例如他以個人名義到堺工廠發年終紅包，而不是公司名義，對日本人來說很不習慣。好似說員工感恩的對象不是公司，而是郭老闆；如果郭老闆這次來公司會多發一點，沒來就不一定會發紅包，「有點任性，讓人哭笑不得，」喬晉建說。

對鴻海來說，重整夏普不止要贏得戰役（battle），也要贏得戰爭（war），必須長時間有策略、有步驟的整頓，而且最重要的是給員工一個夢，才能挽回過去十年的失落。

企業如人生，對夏普員工來說，過去十年的失敗，應該視為「所有沒殺死你的事，都會成為你的養分，讓你變得更堅強」。

專訪1 ▶ 日本工業大學教授細野秀雄 ── 大讚郭董商業機器人

　　物理學家、化學家，東京工業大學教授細野秀雄，是台灣吵得火熱的氧化半導體IGZO發明者，本來這個技術可以使他擁有萬貫家財，但是他對商業沒有興趣，這個發明的專利屬於政府，很多企業來和他探討發明的機密，但是他都說，要談必須跟政府去談。

　　他是諾貝爾獎近幾年來的化學獎最熱門人選，但是每年得獎名單沒有他，他從來不以為意。每天早上九時進入實驗室，就待到晚上九點，足足工作12個小時。以前為了等待實驗結果，常常要在實驗室等到半夜，太太頻頻埋怨後，現在等待工作就交給助手去做。

　　細野老師沒有大科學家的架子，接受採訪時，穿著拖鞋，侃侃而談，英語雖然算不上流利，但用字很認真。幾年前，他來台灣演講時，透過中研院科學家吳茂昆介紹，和郭台銘有過會面。台灣人談郭台銘，常常不是褒就是貶，但他講起郭台銘，一直說，「他是個很特別的人，是我見過印象最深的人。」不帶褒貶，讓你會再想深一層。

　　細野給人的感覺，有點像科學怪人，講話不留情面，也不喜歡交際應酬。他認為日本人講話太拐彎抹角，郭台銘的直接、有效率，令他很舒服，讚美郭董專注事業「是個商業機器人」。

　　現年61歲的細野秀雄，從小學起就對科學很有興趣，尤其是

對各種物質的改變很感興趣，尤其是水的電解。水通電之後能分解成氫氣和氧氣，更讓小小的細野著迷，一路在東京工業大學讀學士、碩士、博士，然後就留在學校教書。「研究新科技是零和一的選擇，有或是沒有，製造的風險少得多，但我喜歡冒險。」

他認為郭台銘買去夏普，是天經地義，以前日本企業顛覆美國企業，現在是中國、台灣、韓國企業顛覆日本企業，企業必須一直往前走，「沒有權利選擇國籍」。

台灣企業比起中國企業、韓國企業都受到日本歡迎。

▶ 得獎看的是過去，但我要看未來

但是他仍然認為，台灣企業如鴻海或其他大企業，應該多做些科技研究，不能只靠製造或投資賺錢，他去參觀韓國三星時，為三星願意投資研發，非常感動，「以前他們對科技也是『拿來主義』，只希望買，而且便宜地買，但是這10年來在董事長李健熙主持下，開發出獨特技術，台灣更應該致力於此。」未來科技變化無窮，10年後，說不定今天的液晶顯示器也會被取代，但是企業要砸下資金，找人才、做研發。

細野目前專注於研究氨合成催化劑。期待未來氨可以分解成氫氣。在任何地方都用得著，結合氮氣可以製作材料或者化肥，和氧氣一起也可以製作成燃料，取代石油或汽油，「給我的獎項是過去，但我要看未來。」

　　訪問途中，學生要他看實驗結果，他匆匆去，又匆匆回來。細野秀雄很努力，也有準備承接找到他的機會，也得到應有的榮耀，日本令人覺得安穩，細野的經歷就可以證明。

專訪2 ▶ 東大經營教授藤本隆宏 —— 創新、永續、想像力

踏進東京大學的大門，一眼即見長春藤爬滿行政樓，書卷氣撲面而來。

經常來往於歐美與日本之間的藤本隆宏，可說是日本最有國際觀的商學教授之一，他在哈佛大學商學院做過訪問學者，和競爭理論之父麥可・波特合作過專案。多年來，他極力捍衛製造業，因為製造業是國家經濟之本，本不固，無以經世濟民，主張日本不能放棄製造業，曾至日本豐田企業及索尼、日立等企業做顧問，幫助其改善生產及行銷流程。

他認為日本1990年代中開始的經濟停滯，是世界前所未見，首先是1970、80年代的太過景氣後的泡沫，接著是人口老化，政府無能、無法全面開放國際競爭，企業太著重國內市場，再加上台灣、韓國、中國的追趕，簡直是一場完美風暴，國家、企業、個人都無法對抗，每個國家都應該盡量避免這種完美風暴。

他也同情台灣企業夾在國際競爭中間，又要防衛來自中國大陸競爭，又要和日本、歐美產品競爭，等於是多面作戰，但台灣打出了一片天。但未來前景還是堪虞，必須提高生產力，致力創新，才能不靠貶值、升值贏得競爭力。

對於已經失去的日本第一，他沒有太多悵惘，因為世界經濟裡沒有絕對的贏家或者絕對的失敗者，每件事都是有對比性的。美國和中國縱使強大，也需要和別國貿易，互補有無。

他寧願日本是個中型國家，發明很多有助永續的產品，不必要稱霸世界，例如日本生產的洗衣機可以省下巨量的水，日本發明不必用水的沖水馬桶，使子孫都有個好的環境。

對於機器人的發展，他一點都不擔心，未來人必須轉型，有更多感情需求及心靈需求的事需要人去做。人更需要追求意義，例如無人車絕對不會成為多數，因為駕駛汽車不是只從這裡到那裡，還滿足人們的控制欲，這是你坐無人車享受不到的。

他提出一個觀念，未來科技有天上的雲端，有地上的機器人等，但更多的是介於中間的科技，例如鐵路、運輸、無人機或物聯網等，而中間的科技有無窮的想像力。

VOLUME 3

野望，
有何不可

對郭董來說，他在意的不只是三星，而是鴻海
在整個產業的布局……
但他的「野望」能得償嗎？

「新世界是一條惡龍，你騎上去了，就別指望還有下來的機會，你必須使出全部的力量往前衝。」大陸財經作家吳曉波在一篇自媒體探討的文章中說。

投入高科技行業的企業人都有此感，變化電光石火，始料未及，一瞬間，江山似乎已變。

前幾年，還在當紅的英特爾，因為沒有趕上智慧型手機這波榮景，業務衰退，全球裁員2萬人；蘋果電腦眾目所盼的iPhone7雖然多出很多色彩，如土豪金、曜石黑，但銷路不若預期；Facebook因為頻頻出現假新聞，遭到用戶譴責，年輕人認為溝通只要圖片就好，改用Instagram；一代網路巨擘雅虎歷經多年掙扎，最後只有以48.3億美元將核心資產網路事業賣給美國電信商威訊通訊（Verizon），正式終結雅虎網路霸主地位。

這也是很多公司大轉型年代的來到。趁著關鍵點，奮力一搏，掙個未來10年的榮景，不，也許是5年，甚至只有2年。科技公司的宿命是沒有永遠當紅的。

▎森嚴肅穆鴻海年度檢討會

2017年1月10日，各家媒體都心驚膽跳等鴻海公布去年的營業額。市場已傳言，去年鴻海面臨上市23年以來第一次的衰退，衰退約2.81%左右，雖然別家也有衰退，但是畢竟鴻海不同。

隨後，郭台銘在富士康深圳總部開了3天的檢討會議，1月22日尾牙之後又在台灣土城企業總部開了3天的檢討大會，直到小年夜，中間花了1天飛去北京，和軟銀總裁孫正義見面，商討雙方合作以及投資美國等，當天又馬上飛回台灣，主持次日的檢討大會。

鴻海的檢討大會森嚴肅穆，約3,000名幹部出席，每位事業群主管都得報告去年營運狀況、績效，經營功力一覽無疑。郭台銘希望幹部藉此機會深入瞭解公司，明白未來策略，但幹部最應聚精會神處，大概是郭董的表情和評論。

檢討會頗具鴻海風格，會機動調整內容。例如樺漢總經理朱復銓原以為自己今年可以只做參加者就可，結果第二天下午接到經營管理會通知（總管理處），隔天一早要報告。因為去年業績成長斐然，郭董要他展示成長之道，朱復銓立馬趕

回公司所在地中和，和部屬連夜趕製PPT，直到凌晨三點，才趕上一早的簡報。

年度檢討會議之前，參加者都得簽保密協定，郭董每次都厲聲提醒，不能洩漏會議內容，還意有所指地表示，他都知道誰會洩露機密，最好部屬都別被逮到。

但是郭董也一肩扛起責任，在鴻海尾牙裡，他對股東、員工、社會三鞠躬道歉。他說去年我們繳出了一張應該檢討的成績單，「我們已知道問題，瞭解原因，找到方向，」他一句句清楚有力地說。

「最該負責的是我，我的資源分配、時間統籌不夠好，我一肩扛起責任，今年6月在股東會上，我會和股東解釋。」

█ 英雄的野望

管理學者夏藍在《攻擊者優勢：如何洞察產業不確定性，創造突圍新契機》一書中指出，不確定性一直是領導者面臨的難題。

不確定性可再分為營運上不確定性和結構上不確定性，夏藍舉自己家鄉印度為例；他的

父親在鄉間開鞋店，印度每逢雨季，人們便很少外出，更少買鞋子，因此在此期間，必須減少訂貨，年年如此，他們已知道如何應變。萬一這年雨季變短或是長，就要有因應計劃，這是營運上的不確定；然而有天鎮上來了大批工人，大興土木，建立了一座購物中心，裡面當然有賣鞋的，他的父親就遭遇了結構的不確定。

他說，現今所有產業面臨結構的不確定，其規模、速度、衝擊力道之猛烈，足以推翻現存的市場或產業結構。例如媒體，不管平面媒體或電子媒體，近年來就是遭受結構上的改變，Google原來只是搜尋引擎，但是現在嚴重威脅媒體，去年美國的數位廣告成長額80%都給了Google，Google也受各種社交媒體及不知何時、何地會跑出來的競爭者威脅。「目前的市場與產業面臨大幅萎縮或完全消失的風險。對毫無準備的人來說，這些變動就像路上毫無預警就出現的大轉彎，過去的經驗也無法保證他們在新世界中也能成功。」夏藍分析著。

2016年底，郭台銘翻看自己日曆，整年366天，只有111天在台灣，不管何時何地，他都要發揮攻擊者優勢。他到處看客戶，找機會，留意競

爭者動態，更要主動出擊。他向員工保證，我們具備的知識和技能沒有變，我們走的方向沒有錯。

對宿敵三星，他公然下戰帖，發揮攻擊者優勢，全面提高面板售價近一倍，而且缺貨嚴重。群創和夏普訂的明年交貨合約都得更改，三星面板長期靠夏普供應，才能擁有世界電視第一名寶座，這下將不保。

▋ 氣場強、心脈足

郭董心脈活躍，氣場強，沖到他的公司和人似乎真的會受到衝擊。郭台銘一位親近部屬說，郭台銘很少去別人家做客，因為小時候，他的母親帶他出去做客，離開後，這家人的一籠小雞得雞瘟都死了。

而三星去年自郭董買下夏普後，似乎就流年不利，眾所期待的Note7甫一上市，就接二連三傳出電池爆炸，航空公司都拒絕客人攜帶Note7上飛機，以維護公共安全，逼得三星回收Note7，損失達50億美金；接著在美國，三星洗衣機也傳出爆炸，商譽再度受損。

而更令人震驚的是，三星少主也是副董事長

的李在鎔，因為涉嫌賄賂韓國總統朴瑾惠的閨蜜崔順實，先被問話，繼而收押，日前被起訴，中樞決策系統幾已癱瘓。

更巧合的是，郭台銘廣州面板廠風光開幕那天，韓國檢方也宣布三星少主李在鎔收押，幾家歡樂幾家愁，三星還真的大受衝擊。

似乎真的不要沖到郭董才好。而台灣很多人也樂看三星此項危機，三星曾經「告密」，差點整垮台灣的面板產業，2013年台灣《今周刊》還詳細披露三星的滅台計劃，先要消滅台灣的DRAM產業，接著要滅面板業，最後劍指台積電和鴻海。

但對郭董來說，他在意的不只是三星，而是鴻海在整個資訊產業的布局。實體的他要做第一，廣設面板廠，做機器人，投資半導體，撕開世界市場的缺口；虛擬的也不放過，亞太電信、大數據、台灣寬頻……

在日文裡，有個名詞叫野望，指的是 不合身份、離譜的願望；野心、奢望，例如日本有個「信長的野望」的動漫遊戲，就是講織田信長要一統天下的願望，現在郭台銘的各種規劃，也與其有幾分相似。

他的「野望」能得償嗎？他的英雄夢能實踐

嗎？時間不等郭董，世界也不等郭董。

CHAPTER 12

癌症，我要打敗你

為錢做事，容易累；
為理想做事，能夠耐風寒；
為興趣做事，則永不懈怠。

———— 郭台銘

　　沒有在深夜痛哭過的人，不足以談人生。郭台銘絕對是可以談人生的人。

　　在前妻林淑如罹癌期間，他在深夜必定痛哭過。在林淑如走後，他一定也在很多深夜痛苦過。

　　在為胞弟成立的台成幹細胞研究中心五週年時，「弟弟，哥哥無能，讓你受了很多苦⋯⋯」。郭台銘拿出常用的深藍色手帕，一手執麥克風，一手用手帕擦眼淚，胸襟上別著鮮花，寫著貴賓已無意義，此時他最想要的是喚回小自己11歲的弟弟。

　　丈夫有淚不輕彈，只因未到傷心處。

　　今年鴻海尾牙進行一個多小時後，一位年輕女孩捧著一把鮮花，裊裊前來，獻給郭董。原來她是八仙塵爆受難者，叫韓寧，她是排灣族，以前在總統府站衛兵，是郭台銘的粉絲，郭台銘有次去總統府演講，出來後韓寧請郭台銘簽名。

　　八仙塵爆發生後2天，郭台銘接到韓寧家人的信，韓寧嚴重燒傷，只有10%機會活下去。家人希望郭董能錄一段話給韓寧，鼓舞在生死邊緣掙扎的她。郭台銘不但錄了音，寫了信，還指示永齡基金會給予協助，韓寧在出現鴻海尾牙那天，化了妝，掩蓋起傷疤，與世間女子無異，只有手

上還戴著防皮膚捲曲的手套。

「活著，就是希望，」郭台銘在尾牙裡很感性地回答，此時他一定有感而發，「有了10%的希望，我們就會有20%的希望，然後30%，40%……終究會達到100%」他鼓勵的不只是韓寧，也是鴻海員工，更是社會喪志不振的人。

絕望是一種罪過。

乳癌女性年輕化

台大癌醫中心院長鄭安理率領的癌症研究團隊，很早就發現台灣女性乳癌病例逐年增加，而且患者愈來愈年輕（台灣罹患乳癌的中位數已經低到45歲）。20年前，鄭院長發現一位乳癌患者才17歲，而且是第四期，在夜校高職讀書，他問，「是不是可以通知你的家人？」女孩搖搖頭，踏出診間消失在人群中，沒有再出現在診間。

這幾年他們更發現，不止在台灣，中國的上海、北京也有同樣趨勢，再來東北亞、日本、韓國也相同。

乳癌最常見的推測是因為台灣富足，飲食西化，造成肥胖，但是鄭安理團隊發現，很多乳

癌患者瘦瘦的，飲食也很清淡。鄭安理團隊和其他國家學者開始連線研究，是不是環境汙染所造成？但是日本致力環境保護多年，環保法規比美國還嚴格。環境汙染應不是首要得病根源。

　　一層層排除原因，這幾年鄭安理團隊又把重點放在女性乳癌患者的基因，他們研究，是否亞洲女性某些基因難以代謝雌激素，或者膽固醇等，但是又不能解釋這些女性的母親和祖母都有同一基因，為什麼老祖母沒有？於是他們再研究一個假設，可能是環境及現代生活和基因互相作用的影響，但到底是如何作用，還未能解；找到以後，是否能預防，又產生一連串的問題，但是他們不會灰心喪志。期待在孜孜研究中，為亞洲女性預防乳癌，早日找到答案。

　　2005年3月12日台大醫院醫師鄭安理在旁邊靜靜地陪著郭台銘，料理剛剛撒手人寰的夫人林淑如的後事，陪著郭台銘送林淑如進入台大醫院太平間，聽聞給林淑如的聲聲誦經。

　　林淑如就是年輕的乳癌患者，初罹乳癌時，才50出頭。

　　看似一帆風順的郭台銘，事業正在風口浪尖上，蘋果電腦iPhone由鴻海獨家供應，夫人林淑如

過世前一天，他才獲美國財經雜誌《富比士》評比為2005年台灣首富（身家992億元）、全球富豪排名第170名，但他肯定願意以世上所有獎項換取愛妻的生命。

在21世紀第一個7年，郭董遭逢諸多親人逝世，外表強硬的他，很多時候無法自持。2002年遭喪父之痛，在《天下雜誌》辦的演講會裡，他上台後，沒有急急分享他的經營心得及致勝策略，他背向觀眾鞠了三鞠躬禮。留著短髭的他，講述父喪未滿百日，本不應出門，也講述了父親生平，為了尋求子孫更美好的未來來到台灣。語氣很低沉。

3年後，我見到他是在2005年4月中旬，春寒料峭，梅雨乍歇，是夫人林淑如剛過世月餘，郭台銘喪偶後，第一次接受媒體採訪。言談間，猶帶著幾分落寞。

他是強忍著悲慟，在台北土城總部辦公室，接受我的採訪。因為他覺得採訪主題「信任」很有意義，台灣當時正經歷信任危機，阿扁貪汙，政黨傾軋，社會欺詐累累，友誼脆弱，很值得談的主題。

他說，信任可分為五個角度，分別是員工對

公司的信任、股東對公司的信任、客戶對公司的信任、上下游策略夥伴對公司的信任，還有社會對公司的信任。最後他悠悠地說，信任是要付出代價的。他說，「如果連我的家人也算在內，代價還滿大的……」

沒說出的往往比說出的更令人低徊。

最沉痛的回憶

結髮30餘載的林淑如是郭台銘事業、家庭、人生的夥伴。早年鴻海的員工，都看到她在工廠打工包裝的身影。後來這個身影移到廣東深圳龍華廠，雖然那時郭台銘的事業已經增長了千倍。

郭台銘在大陸的特助費陸文曾寫道，1996年富士康龍華電腦主機殼廠成立，初期客戶是當時全球個人電腦廠商中規模最大的美國康柏公司。客戶抽樣檢查發現有兩個主機殼表面電鍍不符合應收標準。這些國際大廠的做法，不是把不良品剔除了事，而是全部退貨！整整10個貨櫃！退回來的主機殼在龍華新建的簡易廠房裡堆積如山，要馬上檢查。

林淑如立即加入龍華廠的同仁行列，一起工

作。深圳的7月可謂烈日炎炎似火燒，廠房都是鐵皮房，裡面沒有安裝冷氣，與蒸籠無異！在這樣的環境中，不要說連續工作10多小時，普通情況下，就是半小時也受不了。

富士康員工到時，已發現有些人已在那裡忙碌。其中有一位中年女士，正在一絲不苟地作業，就是林淑如。第五天，10個貨櫃的主機殼全部檢查完畢，林淑如女士才撤下火線。

每每她到大陸，就與郭台銘一起住在深圳龍華的單身宿舍，吃員工餐，和員工眷屬在操場一起健身走路。有次腳走出水泡，她還是忍著，照樣走下去。

一位員工眷屬說，最讓她記憶深刻的是，郭台銘交遊廣泛，常常請客，席間，一定會講笑話，而笑話常常重複。「我們第一次聽，當然哈哈大笑，」這位眷屬說：「但是Serena（林淑如）總是在旁邊跟著笑，不管她聽了多少次。」

一位接近郭台銘的部屬說，林淑如走了後，他經過了半年的自閉期，除了公事，哪裡都不去，好不容易，逐漸走出陰霾。2006年2月初農曆年期間，他的弟弟郭台成在打高爾夫球時暈倒，經過確診，小他11歲的小弟，他培養的接班人郭

台成得了血癌。

　　年紀相差11歲的郭台成與郭台銘兩人感情最濃。舉止，講話、拚勁都神似，郭台銘就曾說：「郭台成是我背著長大的，我常背著他去打彈珠，彈珠輸光了，他還會幫我摸幾顆回來，讓我翻本。」

　　2002年，富士康接下蘋果個人電腦的訂單，當時日本、韓國廠商都不敢接，郭台銘接下了。「郭特助（指郭台成）同樣在夏天的鐵皮屋的廠房裡，推著拖車滿廠房跑，製造、測試、修改、品管樣樣都來，一點都不耍架子。」郭台銘的特助費陸文說。

　　郭特助只要是總裁的命令，必達使命。在年前慶祝攻克Q37專案（鴻海以編號標明各種客戶專案，Q37指的是蘋果個人電腦）慶功宴上，郭台銘與日夜奮戰數月的弟弟相見，緊緊握手後，用手摸摸同樣高大身材的弟弟的頭髮，輕輕說了一句：「你又多了好多白髮了。」

　　跟著郭台成做事多年的樺漢電腦總經理的朱復銓說，郭台成對待員工極其細膩，他剛進鴻海時，在深圳龍華廠工作，家境不豐，索尼剛剛推出Play station，很昂貴，他買不起。有天，郭

台成問他，有沒有買給小孩，他沒有說話。不久後，郭台成打電話給他，要送給他小孩一台Play station，是郭台成從台北買回來的。

當時朱復銓要回台北，就說請郭台成轉交他的同事即可，沒想到過了兩天，郭台成到台北，竟然親自把那個Play station交給他。「你想想看，他從台灣買，又帶回深圳，再拿到台灣給我，中間四趟周折，就令人感受到他的心意。」朱復銓眼眶泛紅。

▌事業裡有志業，志業裡有事業

為了給弟弟治療，郭台銘跑遍了全世界。本來，郭台成在台大醫院治療，直到2006年5月，他把弟弟送到了北京道培醫院治療，郭台銘經過多方考證、瞭解，跑了一圈比較下來，覺得還是道培醫院提供的治療方案和環境最合適，並因此放棄了到美國就診的計畫。選定道培醫院後，郭台銘與院方聯繫，為弟弟選擇了量身建造VIP無菌病房，並做了造血幹細胞的移植手術。

當時兩岸沒有直航，往來台北北京曠日費時，郭台銘還特地購買了私人飛機，方便他來往

兩岸，並拿到第一張台灣私人飛機在中國落地的許可證。弟弟生病的一年多，他更是一個多星期就要去一趟北京。要強壓住心中的忐忑，幫弟弟進行心理建設，要堅持，有勇氣戰勝病魔，要自己掌握命運。每天，他都給弟弟的主治醫生打好幾個電話，掌握最新情況。

2006年冬天，郭台成有次要去北京醫院治療。去之前，郭台銘特別自己探路，因為他要瞭解弟弟從道培醫院到北京醫院這一路怎麼走才不會有顛簸、需要多長時間、怎麼走才最方便。等到了醫院，他發現有很長一段路，是要步行的，而且是露天的，他說服院方開放一個地下通道，使弟弟免受風寒。

萬沒想到，癌症，這個人類公敵還是沒有放過他的弟弟，2007年中，他把弟弟家人全都接到北京，媽媽也去了（白髮人送黑髮人，人間傷痛之最）。在弟弟過世的前晚，他把弟弟摟在懷裡說，你放心去吧，你打了美好的仗，你的家人我會照顧。

第二天電視上的畫面傳來，郭董在弟弟的移靈儀式中指揮若定，在暑日中，誰捧照片，誰跟車，家人和部屬都整齊地排隊送行，絲毫不亂，

唯一亂的地方是郭董戴著深藍色運動帽，有撮頭髮夾在帽子後面，跑出來了。

曾經看著郭台成長大的宏碁集團創辦人施振榮說，郭台成的柔軟身段和極佳做事能力很能與郭董相輔相成，面對郭台成去世，除了惋惜，也為郭台銘努力培植自己小弟，卻無法看著他成為一棵大樹，感到不捨。

▌單身魅力多

在此之前，郭台銘頂著台灣黃金單身漢的頭銜，過著多彩多姿生活，出資拍電影與女星劉嘉玲及名模等傳出緋聞，但是他似乎也有自己的節制。有次，郭台銘去中信大樓三三會（國內知名企業家組成）演講，中信大樓的年輕女性幾乎傾巢而出，有的手拿相機，有的手拿鮮花，排著長長隊伍隊在樓下等他，這是筆者第一次領受到單身郭台銘的魅力，我剛好在他旁邊，他長吁一聲，跟我說，「那是因為我單身」。

但是縱使在那時，郭台銘還是有諸多慈善壯舉。2008年，他針對卡玫基風災捐出3,000萬元賑災，2008年5月針對四川大地震捐出6,000萬元人

民幣（約2.7億元台幣），2008年初鴻海尾牙捐出2億元給弱勢兒童、弱勢家庭，加上2007年捐給台大152億元興建癌症醫院、質子治療中心以及流浪狗之家等，短短兩年已捐近台幣200億元。

2008年他再婚前，還與新娘子簽婚前協議書，捐出90%財產，對這段往事，他津津樂道，今年尾牙還舊事重提。「我訂婚前，律師和我說，你以前結婚時，是個窮小子，現已今非昔比，結婚後，如果要離婚，太太就得分一半，女方的投資報酬率很高！」他風趣地說。

當時郭台銘已經決定將個人財產約1,560億（逐年捐出），律師說兩人必須簽婚前協議才行，郭台銘給曾馨瑩三天時間考慮，曾馨瑩第二天就把簽名的表格給他了，這項創下華人次高與台灣最高個人捐款紀錄，僅次於華人首富、香港長江實業集團主席李嘉誠的3,546億元，在全球富豪捐款排名第6。根據一家媒體統計，郭台銘捐出的款項，足夠全台灣350萬學童吃6年營養午餐，讓創世基金會照顧4,333名清寒植物人50年。補助97萬5,000名家扶清寒大學生4年學費（每人每學期2萬元）。

　　但他的事業裡有志業，志業裡有事業。

　　對志業，他秉持鴻海精神：策略、方法、速度。要求明確和效率。

　　永齡基金會（父親郭瑞齡和母親初永真名字各取一字）每項公益活動都有明確主旨，做法及成果評估。

　　到去年成立迄10年的永齡基金會，所資助的希望小學，10年來已經幫助8萬個學童。希望小學並不是實際的小學，而是透過一連串專業網路形成的計劃，幫助弱勢子弟。永齡基金會與各縣市教育局合作，選取區內老師，志願者或者大學生，在學童放學後，到學校擔任弱勢學童家教，希望能縮小學習落差。畢業的很多學生都考上公立大學。

　　希望小學與教育界合作，制定自己教程及教材，培訓師資，運用國際通行的教育理念STEAM，使得每一縣市的志願者具備同樣技能，教學水準不會參差不齊，沒有鄉村和都市之別，更沒有族群之別。

　　希望小學更提供很多大學生實驗教學的機會，宜蘭大學食品科學系教授須文宏負責宜蘭地區的希望小學，「招募志願者時，來報名的志工遠

超過需要的人數。」他說。

　　郭董做慈善，就像對員工，也有細膩的一面，以前鴻海就是和大部分企業一樣，都是選個晚上做尾牙，邀請歌星、明星，他和名模林志玲大跳探戈舞就是在某一年的尾牙晚宴上。後來郭董覺得這樣笑鬧一場，發給特別來賓百萬酬勞，沒多大意思，從幾年前，改成慈善園遊會，邀請慈善團體及弱勢團體擺攤，讓這些團體過年有些收入，鴻海每年發給參加的員工及眷屬每人500元禮券，購買這些攤位的產品。

　　鴻海尾牙還有一個特色，就是時間長，今年從九點開始連續九個小時，也是郭董希望廣邀藝人，尤其很多殘障藝人可以來表演，拿個紅包好過年。例如今年有盲人歌手李炳輝表演，也包含夢想者聯盟，欣韻二重唱總計四個身障團體。

▌捐大錢，做大事

　　郭台銘決定了在台灣的抗癌之路。將協助癌症等重症病患視為「志業」。

　　2005年之後，就不時與鄭安理交換意見，2007年9月，郭台銘家族的永齡基金會宣布捐款

150億元給台灣大學，籌設癌醫中心，希望打造亞
洲最大、最先進的質子治療中心，其中100億元興
建具備尖端質子治療設備的癌症醫院，50億元用
於預防醫學及幹細胞移植等相關產學研究。這筆
世界第五大捐款不僅震撼醫界學界，也是世界單
筆捐贈給大學最大的一筆。

　　台大剛開始以為郭董是捐5,000萬，後來以為
一億，再後來變成150億。「他堅持捐大錢，也要
做大事，」鄭安理說。

　　《富比士》雜誌一直認為亞洲企業家慈善事業
做得不夠，但對他大加推崇，去年封他為亞洲慈
善企業家第一名。

　　但是在台灣，有錢不一定好辦事。風馳電掣
的郭台銘本來預計2008年捐款興建台大癌醫中
心，2011年完成，2012年啟用，趕緊造福癌病患
者。

　　但是這塊醫院預定地雖屬台大校地，因為
年久無人使用，上面有諸多違章建築，有屬於國
防部的軍眷村，有屬於市政府的違章建築。被捐
款的台大醫院任何決定都得經過學校校務會議通
過，台大再與國防部、國家衛生研究院、台北市
政府，一個個團體，一關關協調。

　　台大自己也得統合內部意見，讀書人意見特別多，例如有人注重校園景觀，有人注重交通方便性，也有人注重提升面積使用率，統合完意見後，再對外協調，過程費時。例如現今園區裡有兩棵古老相思大樹，市政府有古蹟保護法規，不能隨便砍，不但花了兩年移植，還花了200萬，這兩棵大樹身價不菲。

　　而各種使用執照申請之繁雜也超出各界預期，舉例癌醫中心要用質子機，規格必須先經過衛生署核可進口，接著才能蓋醫院本體建築，但是因質子有輻射，不能在醫院本體大樓裡放置，於是又改放在另一棟大樓，本體大樓又得更改設計，每一項更改都得重新核可。台大癌症醫院，要到2018年完成，才能啟用。

　　看在性急的郭董眼裡，簡直不可思議，捐了錢，還得等這麼久，才能看到成果，也是他始料未及，他可不願意等這麼久才能造福到癌症病人。

　　與工地相距不遠、另一棟建築是台成幹細胞治療中心，裡面的骨髓移植及幹細胞移植成功案例已有數百例，稍堪慰郭台銘之弟郭台成上天之靈，「是他的犧牲完成了大愛，造福很多患者。」

　　他也希望自己旗下的永齡基金會可以發展出

更有效的癌症治療方法，2016年9月26日梅姬颱風橫掃台灣，但台大、永齡基金會、黃馨祥所創美國南坦集團緊急舉行記者會，宣布三方簽約儀式，要打造華人基因庫。

▌ 和世界最富有醫生合作

黃馨祥何許人也，原來他是世界最富有醫生，還是華裔，父親是中國人，移民南非，在南非出生，到美國接受醫學訓練。他本來是外科醫師，是第一個將胰島移植到糖尿病患者的醫師，也宣稱這項手術可以產生胰島素，病人不必注射。儘管遭醫界懷疑，卻讓他在美國聲名大噪。

他也是創業家，設立APP Pharmaceuticals，銷售學名藥。靠著新創公司賣給大藥廠，累積龐大財富，黃馨祥還開發抗癌藥Abraxane，提高療效，減輕病人的痛苦。2010年，他以超過30億美元將技術賣給大型生物技術公司Celgene。

他身家被《富比士》估算有125億美元（比郭董稍遜一籌），美國排名第37，典型以科技致富的創業家。黃馨祥也喜歡做慈善，家居南加州的他每年會舉行一次慈善晚會，參加的來賓有好萊塢

名流及科技顯貴。

郭董在2年多前，就聽過黃馨祥大名，好不容易去年8月在洛杉磯見面了，看到黃馨祥的研究成果，台北時間凌晨三點多，他一通電話打回台北（典型的郭氏風格）要台成幹細胞中心的相關人員，隔天早上就飛到美國。

他邀請黃馨祥9月份來台灣，颱風天裡黃一下飛機就開會一天，然後宣布三方合資計畫，充滿鴻海的節奏感。此番合作，非常符合郭董的心意，兩位親人治療癌症期間，他吸收了很多癌症知識，他很心疼林淑如在治療期間免疫系統被打掉了，因此病菌可以長驅直入，弟弟郭台成做幹細胞治療時，也是免疫系統太弱，因此他覺得從研究基因開始做更直接，日後三方將致力打造華人基因庫。

郭台銘在簽約儀式中表示對華人基因庫有特殊急迫感。黃馨祥擁有400多項的研究專利，他提出「GPS」癌症研究定位技術，可以追蹤癌細胞去向，而且可以使癌症病人能經由基因定序得到精準化及客製化治療，提升治癒可能。並積極建立大數據、基因資料庫來提供癌症臨床治療及更精進的研究。

　　這個簽約計畫又是郭台銘結合事業與志業的典型案例，鴻海預計在台大水源校區建置高速運算中心，啟用後可以提供比一般運算系統快上千倍的速度，處理繁複的大型計算問題，不僅將是台灣第一，也會成為全球前十大高速運算中心。未來藉由人工智慧學習與高效能的演算分析，經由資料庫比對，就能找出最適合病患的治療方法。

　　但是2018年底將完成的台大癌醫中心，仍然值得各界期待。這所醫院雖還在草創，估計未來對台灣的貢獻可以媲美30餘年前王永慶開設的長庚醫院對台灣的貢獻。

▎抗癌如永遠打不完的仗

　　1月底，朔風野大，在台大校區東南角，癌醫中心醫院樓房已建成，各樓已見輪廓。有著台灣老醫生翩翩風度的院長鄭安理解釋癌醫中心的特色，質和量都要做到亞洲第一，而且床位超寬，最重要還是人文氣息。鄭安理在外面敲敲打打趕工聲中說：一樓很多醫院都把它用作開餐廳、咖啡館或禮品店，增加利潤。我們不要，一樓我們建成病患資源室，這裡可以有病人支持團體開

會，病人可以在這裡看書報，完全為病人著想。

癌醫中心的每間病房都有窗子，開窗就是青山，一樓屋頂做成圓形天窗，抬頭就能看見天空，灑進來的陽光就像灑落一室的希望。

在台大腫瘤科服務近40年，鄭安理對諸多病患很心疼。有位病人給他的信寫到：「每次去醫院，我如幽靈，看到人走路，聽不到他們的聲音，看不到他們的臉，有如看默片，抗癌如永遠打不完的仗，我每次受傷，但依然要打下去。」

鄭安理也走過台大醫院腫瘤科最困難時期，病房少，連椅子都不夠，病人得站著打化療。當時醫界還主張不能給病人嗎啡，嗎啡會讓人成癮，他還記得當時晚上走過台大醫院癌症病房時，病人痛苦哀嚎一片，他常常冒著被挨罵、被罰站的危險，給病人打嗎啡。「他的壽命已可數，如果成癮，又怎樣？」他說，「讓癌症絕跡，我們大概還不可能做到，但是要讓病人活得較少痛苦，是可以做到的。」

焦慮是生病的源頭，他要讓病患零焦慮。

雖然是慈善事業，鴻海終究還是有影響力，將來這所醫院將使用很多電子科技，例如8個螢幕的視訊會議機器，讓醫生可以不必來往奔波，有

更多時間照顧病人。鴻海新代理的 Pepper 機器人，正由台大資工系教授傅立成帶領學生設計軟體，以後放在醫院裡，可以指引方向，牽病人走路，甚至可陪病人談心。

郭台銘還要做很多事，防止別人罹病，因此有很多健康檢查、食物毒性檢驗，他甚至捐出多台夏普的捕蚊空氣清淨器，讓國家衛生院拿去蒐集大數據，預防每年都肆虐台灣一次的登革熱。他最喜歡引用老子的話：上醫治未病，中醫治將病，下醫治已病。

雖然他為八八水災捐贈的永齡有機農場到現在仍無法損益平衡，但是他在各個場合還是拿出他們種的甜玉米、冰棒，招待來賓。有人問起他20年後的希望，他希望台灣能有個乾淨水喝，乾淨空氣呼吸的地方。

一個人在巨富中死亡是可恥的事，美國鋼鐵大王卡內基如此告訴後人。

CHAPTER 13

因為有你，我和別人不同

執行力＝速度＋準度＋精度

――――郭台銘

2012春夏之交，郭台銘在赴美的飛機上，巧遇台揚副董事長謝其嘉，兩人聊起天來，謝其嘉問新近瘦了不少的郭台銘，身材保養之道，然後兩人順勢聊起來，郭台銘問台揚是否有興趣加入鴻海。

這樁合資案談得很順利，9月21日，鴻海宣布召開記者會，眾家記者以為鬧僵的鴻夏戀有了轉機，卻是郭台銘宣布鴻海投資台揚，成為占股32.62%的最大股東。

當時郭台銘已經有私人飛機，為什麼還要搭民航機呢！也許在保養，但是也不可能都在保養，大約是要製造兩人巧遇的機會，的確不愧是虎與狐。

是什麼原因讓郭台銘願意投資當時已連虧3年的台揚？原來台揚大有來頭，1980年代台灣美國斷交之後，新竹科學園區剛落成，史丹福大學碩士的王華燕帶著創業團隊回到台灣，取名台揚，就是為了讓台灣揚眉吐氣，他們生產的衛星視訊電話，廣為科技界使用。

1991年在美伊波灣戰爭中更是一炮而紅，CNN記者在那個如小傘般的衛星通訊電話邊，把最新戰爭進度即時傳到世界每個角落，不必怕砲

火摧毀通訊設施，不必怕政府切斷通話裝置。一台售價數萬美金的電話，熱門異常，阿拉伯人提著整箱現金登門，指明有多少現貨就買多少。「台揚風光的日子，我還是小企業，要跑三點半，還要張羅訂單。」郭台銘的話，反映了多少企業滄桑、此消彼長。

但是台揚後來因為做太多產品，戰線拉長，顛顛簸簸，時賺時虧，在2012年鴻海投資之前，台揚已經歷經三年虧損，但是台揚是技術起家，不但公司專利技術寶藏豐富，在2011年還合併了兩家有無線技術的美國和丹麥公司，滿公司都是技術，「我想了5分鐘就決定投資，」郭台銘在記者會裡說。

台揚接受投資後變化不算太大，董事長王華燕去年退休，由另一位創辦人謝其嘉任董事長，鴻海指派了法人代表做董事，很少插手經營。

這幾年台揚縮小產品線，專做衛星通訊設備及無線基地台，例如賣給諾基亞、愛立信（Ericsson，舊譯易立信）及華為等大廠，附加價值很高，賣給諾基亞的設備已經占到該設備的成本一半。

▍企業要用兩條腿走路

眾達法律事務所所長也是台灣併購與私募股權協會理事長黃日燦說，台灣經濟從二次大戰後復甦，出現經濟奇蹟，到了西元2000年成長開始趨緩，亟待產業轉型升級，商業模式也應跟著改變，如果資源不夠，應該想方設法，廣納資源，併購是一個途徑。「悶經濟大家都走了很多年，」黃日燦說，「應該是改變的時候了。」

他比喻，人要靠兩隻腳走路才能平衡，以前台灣靠著改善、製造、經營能力取勝，沒有品牌、沒有行銷，就像只靠右腳行走，走不長，也走不遠，台灣企業能夠有能力併購和經營，等於是用兩條腿走路。

關於併購，他認為台灣的消極態度，與對岸中國大陸積極異常成對比，在國際併購案金額中，大陸已經占了10%，而台灣只有千分之一。例如中日雖有情仇，但是中國已在日本至少買了5、600家企業，最著名例子是中國美的集團買了日本三洋的白色家電部門。

當然，併購不易成功，他強調，2/3甚或4/5的企業會失敗，但是大陸基數大，1/5的成功，就

代表有100多家會成功。我們台灣呢？併購案件可能不到15家，假設2/3失敗，就只有5家成功，只有5家台灣企業成功，對比中國百來家成功，優劣可知。

但是鴻海可不認為併購如此簡單，例如鴻海投資台揚，最主要著眼在5G，5G是下個世代行動通訊，儘管2018年5G才會有規格標準，但是現在電訊廠商誰也不敢輕忽，5G是未來希望所繫，IOT、雲端、智能家居生活都會一次爆發。

鴻海很早就開始布局5G，台揚科技董事長謝其嘉在一次座談會透露，鴻海將以旗下鴻通韜略發展中心為軸心，布局5G產業，集團已組200人團隊、計畫5年內投入新台幣40億元，全力發展。

亞太電信董事長呂芳銘表示，鴻海成長史很多都與併購有關，例如1996年鴻海還是23億的中小企業，開始進軍準系統和機殼事業，郭台銘在一片空曠的深圳廠，對著戴爾誇下海口，他可以做成電腦一條龍，生產線前端是鋼材，到終點就已是桌上型電腦。

郭台銘後來確實實踐了承諾，過程中就來自他大量併購了模具廠、機械廠，郭台銘改寫了電腦業的定義，他大膽宣稱「電腦業是機械業，而

不是電子業」。果如其言。

「我還沒開始耍我的關公大刀呢！」郭台銘當時接受記者訪問，指著辦公室一角的關刀說，睥睨電腦同業之情，盡露於眉宇中。

2000年，新世紀開始，鴻海營業額已達900億元，郭台銘轉變定位，鴻海要做科技公司，要邁向3C（computer、communication、consumer）的公司，也勇敢合併很多企業。例如原是宏碁旗下的國碁，鴻海目前的當家人物之一呂芳銘所創立的公司，也是這段時間被鴻海併購的。

接著郭台銘重新定位鴻海為科技服務業，不但要做系統，還要設計、製造、物流，且又要做到行銷及銷售，為了這個目標他併購或投資零組件公司、軟體公司，吸引蘋果及Android手機製造訂單。經過十年，營業額成長到3兆，又推出11屏3網2雲，2015年來到4.48兆，比上市時成長近1900倍，很多都透過合併與收購。

鴻海12大次集團領域

集團代號	主攻領域
A次集團	手機軟硬體整合
B次集團	平板軟硬體整合
C次集團	精密模具事業
D次集團	筆電和一體成型機軟硬體整合
E次集團	可攜式電視、大電視、LED戶外看板、九宮格等軟硬體整合以及機器人Pepper事業
FG次集團	雲端互聯網運算和網通電信
H次集團	電子商務
J次集團	財會
K次集團	面板
L次集團	連接器
M次集團	樂活養生
S次集團	半導體

▌鴻海用三條腿走路

　　黃日燦幽默地分析，從某個角度看，鴻海多金多股票，而且有勇氣，他們最先用鈔票去買產能。他要爭取哪個客戶，馬上用鈔票去把客戶需

要的零組件或做零組件的公司買下來。另外策略是用股票去換產品或技術。股票加鈔票是他的成功方程式之一。

副總裁呂芳銘說：「不只如此簡單，鴻海從交換器（Switch）到數據機，從我們今天的伺服器到運算設備，」呂芳銘指著電子產業圖，「一路上，我們講究的是策略性投資、策略性併購、策略性結盟，一定要合乎我們當時的策略性目標才會著手。」看起來各個子公司、孫公司紛雜擾攘，最重要還是符合策略。「審視電子產業每個環節，我們缺什麼，不是自己去發展，就是去買，但是都要為鴻海增加附加價值。」呂芳銘說。

「鴻海其實是三足鼎立，不只用兩隻腳，現在還有很多集團裡的小金雞，股價都很高，又可用股票和錢再併購，鴻海還會再旺個好多年。他如果不用左腳，我相信今天的情況大不相同。」黃日燦說。

郭台銘向來很敢逆勢進場，在2008年金融風暴後，即便面板產業變慘業，他一心想的就是要變大，大者恆大才有利競爭，他趁大家狀況都不好的時候收購統寶、奇美電。逢低買進，價格才可能買得漂亮，「現在台灣太多企業人只願意活

在自己的舒適圈裡，不願意跳出來，不願意做改革。」他多年老友方國健說。

有時公司買得太多。自己都記不起來了。2011年，郭台銘與好友前高盛證券合夥人宋學仁聊天時抱怨，鴻海每股盈餘高，但是股價卻只有70幾元，本益比只有10倍，他問宋學仁，最近在關心什麼產業？什麼公司？

宋學仁回答說，他正注意一家老牌的工業電腦公司，叫研華。幕僚向他解釋了一番，還提醒他：「總裁，其實我們集團內也有一家公司叫樺漢，也是做工業電腦的。」

▌速度！精準！執行力！

鴻海以執行力見長，郭台銘定下策略，部屬就全力以赴。「所謂執行力，就是速度、準度、精度的全面貫徹。」郭語錄裡有這麼一條。

不容易走的路，才可能成功，綜合鴻海併購有成有敗，成功的案例大部分依循這些準則：

一，**事前做好研究**。夏普案在2012年開始談判時，因為夏普高層催促，郭董坦承自己沒有做DD盡職調查，因而出價太高。後來夏普股價一

落千丈，夏普高層不願意降價，因此延宕多時。在2016年第二次談妥，行將簽約之際，夏普又傳出或有負債，這次郭董學乖，開進百人大軍去夏普，徹底調查，殺價1,000多億日圓。

　　二，**找尋互補的公司**。鴻海副總裁呂芳銘攤出一張電子產業表，上面密密麻麻寫著各種產品及服務，「我們有的就自己培養壯大，沒有的就得看市場上有沒有這樣的公司，產品線及服務線整齊，才能吸引高端客戶。」呂芳銘剖析。

　　因為東征西討，基地處處，鴻海這些年來孵了很多金雞，期待在這個雞年，可以放出光芒。例如做精密機械的鴻準，做半導體設備的京鼎，做IC封裝器材的訊芯，近期鴻海集團概念股中不少成員表現強勢，尤其在鴻海與夏普結成良緣之後，更為不少鴻家軍增添想像空間。

　　三，**貫徹鴻海文化**：鴻海文化就是執行力，「讓天才留在天上，天才型的研發人員到每家公司都令人頭痛。」郭董的話可以讓部屬擊退桀驁不馴的人。

　　郭台銘向來輕視只說不做的人，例如只懂理論的碩士、博士。

　　夏普2014到2016廣聘國際知名顧問，改善營

運，而大部分顧問公司給出的答案是讓員工優退以及改善媒體公關。一位夏普員工說，只看到顧問來來去去，看不出公司有什麼具體挽救措施，營運仍然一落千丈，更證明顧問的不管用。

執行不是慢吞吞，是要快快執行。在廣州投資的10.5代面板廠，投資近2,800億台幣，只花了50天就和廣州市政府達成協議，達成協議後，建廠作業已經開始。一位負責監工台大癌醫中心醫院的鴻海人員，身兼多項專案，忙著從台灣到廣州來回。「以前每天都來監工，現在只能打電話，要我們自行負責。」一位營建人員說。

許多人比喻鴻海有如成吉思汗大軍，最令人佩服的是他們的速度，成吉思汗部隊出征時從來不埋鍋造飯，太耽誤時間。講求一個兵騎三匹馬，一匹馬累了，就換另一匹馬跑，餓了就吃馬上的乾糧，渴了就喝馬奶，連夜趕路，出奇不意出現在敵人面前。

郭台銘也不注重排場，尤其對吃的很不講究，日本富士康技研社長矢野耕三搖搖頭說，「他每次來日本都吃吉野家牛肉丼，我們都得跟著他一起吃。」吃了無數頓牛肉丼，才談成了夏普的交易案。

他約部屬吃晚飯，往往達成多重目的。他開會開到晚上九點鐘才能到，在此之前部屬不敢擅自開動。等他來了，他讓大家先吃，然後問部屬問題，或者宣揚他的理念，間雜著講過很多次的笑話，等到部屬吃得差不多，他把剩菜一掃而空。

▌併購之後的工業電腦之旅

併購有成功，有失敗。有的併購一開始充滿危機，鴻海注入了才有轉機。2012年，鴻海協理朱復銓，也是當初建議鴻海收購樺漢的人，他自告奮勇去整頓營業額停滯不前的樺漢，於是開始鴻海集團的工業電腦之旅。

併來的公司，本來就難經營。尤其工業電腦並不像個人電腦，可以大量生產，而且不是很快能看到成績的產業。「成長慢，但是入門障礙高，競爭者也少。」朱復銓說。

4年之間，樺漢電子成長為營業額110億的第二大工業電腦，僅次於老牌工業電腦研華公司，毛利有25%，但轉型之路，非常艱辛。承襲鴻海實幹精神，走進中和樺漢的7樓，就看到鴻海和樺漢並排的Logo，象徵著這是鴻海的子公司。

　　朱復銓琅琅上口的郭台銘語錄，是很好建立企業文化的根據，培養了鴻海精神，但是方法卻要劇烈改變。員工，尤其是大陸員工習慣了個人電腦幾十萬台，生產線變動少，工業電腦卻是少量多樣，產品高度客製化。一次訂單可能是3、50台，生產線天天換，有時一天還要換5次生產線，你不能換錯零件，這個生產線上是這家的訂單，另一條生產線是另一家的訂單，張冠李戴會造成無可彌補的損失。

　　所以一開始，總經理朱復銓請鴻海在崑山的工廠撥了幾條生產線，重新訓練現場工人、線長、班長全部都換腦袋。朱復銓在崑山待了4個月，住在簡陋的員工宿舍，實際運用郭三條裡面的「策略、決心、方法」。告訴這些員工，做工業電腦和個人電腦是完全不同的工作，不同的商業模式，不同的決心，要顛覆他們的心態。「整個控制系統、程式語言都不同，開模也不一樣，最重要還要改變員工績效評估，從量化指標，到整體性指標，」今天評估標準已經變成「QDCS」，品質（quality）、交貨（delivery）、成本（cost）、服務（service）。

　　目前樺漢大部分訂單都集中在金融界，如製

造銀行自動提款機的工業電腦，每個銀行的要求都不一樣，因此是高度客制化的電腦，現在賣的是硬體，未來將加強軟體及雲端設計，為客戶提供完全解決方案（Total Solution）。

談起軟體，朱復銓提到剛投資了德國上市的大型工業電腦S&T和Kontra就眉飛色舞（可見併購文化有承續，鴻海併來的公司也勇於併購）。這個公司光軟體工程師就有1,800位，自家公司才680位，等於增強3倍戰力，還有這家公司50年來的無數專利，又為公司打下厚實基礎。

自從朱復銓接任後，樺漢表現日益精進，每年營業額和利潤皆有高度複合成長率，從2011年的14億營業額，成長到2016年的144億元，每股盈餘預計達到14元，已趕上台積電每股盈餘。2016年郭台銘開始注意到自己這個10年前投資的公司，再加上工業4.0正在龍騰虎躍，一再強調這個小金雞，並且把愛將副總裁吳惠鋒調去當董事長，準備在工業電腦上一展宏圖。

▍鴻海帝國的手機版圖

鴻海的併購、聯盟往往多頭多地舉行。很少

人知道，鴻夏戀期間，富智康董事長童文欣帶著
一組團隊，和微軟談判取得諾基亞，另一場戀愛
也在悄悄談，以防兩頭落空。

　　5年前，諾基亞不敵智慧型手機，江山淪
陷，手機部門以75億美元賣給微軟，微軟雖推
出Windows手機，但iPhone和Android手機已占
先機，縱使微軟壟斷電腦系統多年，仍然不能把
手機經營起來。手機市場對微軟如同雞肋，但在
郭董看來是帶骨的雞翅膀，上面仍有豐厚雞胸白
肉，既可熬湯，也可補充蛋白質，而且很有嚼
勁，談了很久，達成交易，只花了3.5億美金，是
當初的1/20。

　　雖然買的只是功能手機業務，鴻海也接手
了微軟在越南的一家功能手機製造廠，但是未
來仍有多種方法進階為智慧型手機。又為了不要
得罪顧客，由另一家芬蘭公司HMD從諾基亞取
得授權，然後委託鴻海製造、流通及運籌管理諾
基亞的智慧型手機。一向是黑衣人的鴻海一夕
之間有了3個手機品牌，諾基亞、夏普及富可視
（Infocus），未來在世界手機版圖上要一展雄心。
「手機的需要不可能停止，我92歲的母親和2歲的
兒子都在用手機，每天都有很多新客戶，」郭台

銘非常喜歡用家人舉例。

　　自此郭台銘在手機方面低、中、高階層都有，富可視是美國低階市場寵兒，在沃爾瑪商場隨處可見，中階是夏普，諾基亞則有潛力發展成高階手機，因為中年人對諾基亞還是有懷舊情感。諾基亞3310型被譽為神機，摔不壞，用不壞，鴻海投資的HMD將在今年春天推出。

　　經過4年的鴻夏戀，郭台銘終於如願併購夏普（郭台銘堅持說是投資，而非併購，因為夏普仍保持公司名及品牌名，但是鴻海投資66%，取得經營權，而且一舉一動都如鴻海的子公司），近期又因為兩季都減損虧損，2016年10月到12月那個季度竟然有盈餘，驚豔日本人。

　　郭台銘在很多場合裡都說，夏普是他的第二次創業，他在這個公司，找到創業的熱情。去年為了夏普，每個月平均坐他的灣流號私人飛機到日本2次，除了8月帶著媽媽、太太及小孩去了歐洲輕鬆幾天外，很多時間都在為夏普運籌帷幄。

　　有了夏普，鴻海集團似乎身價陡增（反映在股價上已經有近3倍增值，與東芝身價接近），船更堅、砲更利，宛如愛情小說所寫，因為有了你，我和世間女子不一樣了。

　　他更有信心定下了今年夏普電視的反攻計畫 —— 達到世界銷售1,000萬台的目標，明年要達到2,000萬台。他要創造潮流，也順應潮流，趁勢而起。這兩年是世界換電視機潮流，尤其是大尺寸電視機，60吋到80吋將當道，「液晶電視每年電視機尺寸增加兩吋，現在已經達成。」工研院產經中心副主任鍾俊元說。

　　他要發揮攻擊者優勢，與堺工廠聯手在廣州設10.5代面板廠，雖然進度已落後大陸的京東方和華星，但是因為夏普曾創設世界第一個10代面板廠，所以建廠技術豐富，再加上鴻海在世界各處建廠經驗豐富，一年半內就會完工。也準備好即將全線開打的架式。「它的面板銷售沒問題，因為鴻海有夏普這個出海口。」鍾俊元說。

█ 邁向國際併購的後續效應

　　有了夏普，他儼然變身日本企業家，孫正義忙著拉攏他，自己的投資還打電話要郭台銘一起參與，湊起來750億美金，做為對美國新總統川普的朝見禮。日本首相安倍晉三也拿此做晉見川普的見面禮，《日經新聞》選他為2017年最受矚目企

業家，認為郭董可以大大刺激不求長進的日本上班族社長。

後續效應絕非只是買一家企業而已。他多年好友兼部屬程天縱，本來不願意和人談論郭董買夏普事，但是不久後，他發現其實鴻海開啟了台日合作的好機會，尤其此時此刻，世界新產品需要結合動能（工藝）與智能（資訊）。例如機器人要能夠靈巧運作，就不但要有智能，也要有動能。日本有動能，台灣有智能，日本多年來培養富含工匠精神的員工，文化精緻，而且也在全力推動工業4.0，例如機器人需要精巧靈動，而台灣這些年培植的半導體、資訊的科技實力，足以讓這些動能智能化，相信在未來世界能打一場漂亮的仗。

一家日本企業還不夠滿足郭董，近日他又醞釀要買東芝的記憶體部門，據傳出價3兆日圓，是眾家之最。雖然每天都上演不同戲碼，例如東芝又抬價了，通產省反對出售給鴻海，怕技術外流到中國，但是郭董始終如一：「我們有誠意，有能力，有信心。」

郭董有經驗這種事會談很久，急不得，在商討買夏普時，日本媒體反對得更厲害，他們聯合

夏普內部人士、通產省官員、右派份子把鴻海列
為偷技術的企業，連台灣很多人都聞笛起舞，通
產省還派官員來台看鴻海運作，回去後，有了正
面回饋，肯定鴻海的技術層次。

　　他自己更瞭解，和日本人打交道要有耐心，
他們是慢熱型，一旦取得信任，也會累積長久，
這也是從事國際併購學習到的跨文化溝通。

▌光學併購顛簸多

　　郭台銘買夏普花了1,300億，堺工廠廣州面板
廠的10.5代面板產業園區投資總額約新台幣2,800
億元，再加上美國的投資，這真是一場世紀豪
賭。而東芝要出售的半導體部門，已表明希望有
興趣的買家出價至少7,000億台幣，美國建廠費用
也是至少3,000億台幣，這幾項加起來就已經是1.3
兆，加上未來營運所需資金，萬一世界經濟不景
氣，再來一次金融海嘯，鴻海牽牽連連，仍是面
臨很大危機，投資人只能希望鴻海的風險管理做
得很好。

　　《日本共同社》指出，鴻海不只在中國投資面
板廠，還有美國也要設立面板廠，投資巨大。而

夏普如「大病初癒」的病人，2015年剛剛面對巨額虧損，且一度有破產之虞，如今就大筆金額投資中國，也伴隨著巨大的風險。

　　共同社還說，根據市場分析，雖然夏普財務報告有改善，但都是改進物流和採購成本削減後的成績，沒有在財報數字上的具體呈現。夏普雖然提出強化物聯網及人工智慧相關業務，但能否打造成獲利的業務支柱，目前尚難預料。目前夏普的相關業務之中除了面板，其他項目外界依然是霧裡看花。

　　對於收購東芝記憶體部門，當3月1日郭董表示鴻海有能力、有誠意協助東芝經營，第二天東芝的股票馬上漲了4.5%。但是《日經新聞》警告，不要把郭董當救世主，雖然到現在為止，改造夏普成功，但是每個企業衰落原因迥異，東芝問題和夏普不同，別期待郭董太高。

　　併購總會存在巨大風險，《哈佛商業評論》在一篇文章中說，2014年微軟花了75億美元買諾基亞。2015年，微軟一舉打消手機事業96%的帳面價值，2016年就把功能型手機賣給鴻海。同時，Google以29億美元，出脫從摩托羅拉（Motorola）取得的手機事業，而它原先在2012年的收購價是

125億美元；整整賠了96億美元，幾乎是台積電全年盈餘。

鴻海也有諸多併購的不成功，最令人惋惜的是鴻海一直想擁有競爭力高的相機模組。鴻海在2000年時進入光通訊被動元件的領域，失敗了，郭台銘很在意，不斷想重來。2006年鴻海購併了當時數位影像光學龍頭普立爾（Premier，世界第一大數位相機廠商），再次跨入光學相關的領域，應該可以做大做好，但是如郭董所說的「集合整合融合」執行不成功。接收來的團隊都是對光學有專長，剛來時，團隊都期待在鴻海能夠大展宏圖，的確，這個光學團隊有過輝煌時刻，2009年研發成功並量產iPad的trackpad，這項產品極難做，一位光學團隊成員說：「我們研發出十種樣品，要美、藝術，而且要滑順、好用，先讓副總裁挑出三個，然後再送給賈伯斯挑。最後挑中一個，馬上就要開始量產，時間極為緊急。」但是鴻海有命令既出，駟馬難追，部屬一定執行到底的文化。

不久後，這個從普立爾接收來的團隊因為鴻海組織變革，一拆為三，因此失去原有團隊默契。有的分拆為研發，有的劃歸競爭力產品部

門，而且鴻海擅於組裝，卻對光學研究不夠精，不願投資太多，急著要求成果；有了成果後，又要優先供應集團所需，而不能賣更高價格給外界廠商，壓縮光學團隊的利潤。於是團隊成員很多就被同行挖角，或出去創業，核心人才由2006年的90餘人降至19人，團隊分散後，很難再有昔日光輝。

「郭董期待併購後一加一能大於五，但是這是典型的一加一小於一，是場災難」，這位員工說。

一位光學團隊主管認為，如果當時鴻海把光學發展成功，就沒有現在的股王大立光了，至少大立光不是股王，大陸的光學也可能發展不出來。鴻海一向重組織戰，被併購來的部門不適應鴻海的文化，就會有很大困難，而且「在鴻海這樣大企業裡，主管要花很多時間在 play politics，不斷地做報告解釋為什麼做不到，但是原因大家都知道。」這位主管無奈地說出，大企業下做為小螺絲釘被碾壓的無情。

該主管說，鴻海很少請人走路，只是把你的資源藉組織成長之名，慢慢移走，沒錢沒人不可能做得好，惡性循環之下，最後就只有走了。

最近鴻海一意發展光學鏡頭產業，在舊曆年

底舉行的檢討大會上，郭董直指大立光為勁敵，要鴻海人學習大立光的創新精神，從去年開始積極併購有光學技術的公司，或參與投資。鴻海旗下子公司鴻騰精密今年初證實，已經成功收購半導體大廠安華高（Avago）光模組事業單位和相關資產。

鴻海也投資國際光學寵兒LYTRO光場相機，LYTRO的光場相機技術應用範圍極廣，用在最夯的VR或AR、MR（mixed reality，混合實境），甚至可用在其他科學和工業等領域都派得上用場。

夏普更在去年底大舉加碼了智慧型手機照相鏡頭商康達智（日本）。所有投資都希望將來的蘋果智慧型手機鏡頭，有鴻海一份，也有濃濃尬大立光的味道。「早知如此，何必當初。」這位主管很是悵惘。

不論如何，郭台銘的併購之路，不會停止，只會前進。

郭台銘霸業

CHAPTER 14

世界地圖，處處要有我

市場，是靠透明度和競爭度來培
養它的成熟度。

———— 郭台銘

「《美聯社》、《合眾社》、《法新社》、《華爾街日報》、《路透社》、《彭博社》……。」在1月22日下午五點半鐘的記者會，郭董坐定後，開始點名到場的媒體，歐美媒體不耐久等都已離去，只剩下《路透社》在。

接著他開始點起日本媒體，《日經》、《東洋經濟週刊》……，日本媒體都堅持下去了，「剩下的是台灣媒體了……」，神色有點失落。

偏處台灣，已經看膩了鴻海新聞，對郭台銘的影響力已經麻痺。但出了台灣，更能體會郭台銘已躍居國際企業家，英文媒體關切蘋果和諾基亞的新聞，日本媒體更是每天有很多則，大陸媒體更不用說了，現在台灣大部分關於鴻海的消息都是記者編譯自國外媒體。

的確，鴻海已經超越台灣了，郭台銘不再是台灣的郭台銘，是中國的郭台銘，是日本、美國，更重要的是世界的郭台銘了。

川普就任，要貫徹美國第一，凡事都要以美國利益為優先，他有訊息要告訴美國、日本的媒體。這一天，他要談他們是否響應川普，在美國投資是否也還在廣州投資？中國政府到底有沒有施壓？他徘徊在美國和中國之間是否會有兩難。

▌前進世界的台灣人

　　但是郭台銘看著眾家在座台灣媒體（都是從早上九點就來到現場），於心不忍，還是一開講就講了兩個小時，「我這人就是心軟，今天早上我太太還和我說，不要亂講話，但是看到你們在場，我擔心你們不能回去交差。」打著紅領帶、穿黑夾克的郭董有著過年的氣息。

　　的確，郭董在創業時，就立定志向，台灣太小，一定要往國際走。中國開始興盛時，他走向中國，在深圳的一片荒原中，蓋起了第一座廠房，「有了深圳，就像老福特（美國福特汽車創辦人）有了底特律一樣，讓他大展鴻圖。」《彭博商業週刊》評論道。

　　在20世紀末的歐洲，冷戰結束，歐盟火熱，歐元貨幣興起，他到捷克設廠，要把捷克變為歐洲的研發中心、發貨中心和製造中心。

　　在金磚四國（BRICs）鼎盛時，他巴西、印度都去投資，甚至希望前進中南美。郭台銘看準了印度比中國還多的人口，縱使官僚程序無數，縱使2年不能回收，5年也可以回收。前一陣他在中國的中央電視台採訪時，更是說，中國比印度的

投資環境前進十幾年，但他還是要前進印度。

在大陸，他尤其扎根深，2月28日晚上廣州地標，燈火璀璨的小蠻腰電視塔特別打上了Foxconn和Sharp這兩家公司的名字。3月1日廣州天氣意外放晴，一家叫做「超視堺國際」的企業誕生，將改變中國東南海岸的科技生態，超視堺投資600億人民幣與廣州政府打造SDP 10.5代面板廠，這是中國改革開放後最先進的技術投資之一。來賓冠蓋雲集，有習近平欽點的接班人之一廣東省黨委書記胡春華、廣州市長溫國輝等。

郭台銘在開幕典禮時，望著遠方工地的滾滾黃沙，誓言要打造這裡成為中國的矽谷。他所言不差，因為面板廠不止是一塊螢幕而已，牽涉到半導體、精密機械、化學、光學等。因此開工典禮不止帶來了自己的投資，還帶來面板上下游廠商，如高通、思科、康寧。2月28日他飛了20個小時，是他飛行時數最多的一天，先從華盛頓（會晤誰，他不肯講）飛台北，在台北和媽媽小聚40分鐘後，又飛深圳，然後飛廣州。

看在台灣企業眼裡，實在羨慕。由於廣州2000萬人口，很難再有大片土地拿來建廠，廣州市政府於是在新開發區增城給了他合計面積48.43

公頃的工廠用地，等於兩個大安森林公園之大。

▋ 百年霸業的起點

　　如果在台灣，不要說沒有如此大片而完整的土地，縱使有地還在規劃階段，各界就開始攻擊，然後第一階段環評、第二階段環評、重評……。等到台灣有幸可以開工，郭董這座廣州工廠早已開始量產，銷遍世界了，難怪鴻海最近在台灣甚少投資。「郭董已進入神級，很可惜鴻海已經不等於台灣，郭董也不是台灣的郭董了。」《商業週刊》專欄作家黃齊元寫道。

　　這裡將是郭台銘稱霸世界面板業的起點，也是他百年霸業的基礎。

　　有別於現在最高影像清晰度4K，郭台銘強調未來的10.5代廠將製造8K面板，就是連仙人掌上最微小的刺都可以在2公尺外看到。面板不但是在娛樂、智慧家電，最重要還是與郭董的志業有關，將來應用在超微創精準醫療，可以讓手術更精準；應用在安全監控上，可以清晰的看到罪犯面目。

　　「我們做的不只是面板，是人類文明的再跨一

步，」郭台銘說。

▌在世界地圖上找到自己

　　一生都立志在地圖上留痕跡的郭台銘，也如台灣創業家，縱使大陸再大，也要尋求世界市場。在世界已經建立了一百多個據點，而且每處都有大軍，不是一兩人辦公室，郭台銘認為處處都是鴻海的市場，處處也是鴻海的工廠，處處也都是鴻海的研發中心，不管是成熟市場或是新興市場。

　　鴻海在中國大陸就有33處據點，其他亞洲個地有12個據點，歐洲有18個，美國17個，拉丁美洲有8個。

　　在各個市場建立據點，乃至營運生財都充滿崎嶇，例如印度、印尼、越南廠都談了很久才談成，而且規模也不若先前傳說如此之大。鴻海因為國際經驗積蓄久了，知道每到一地開疆闢土的困難，因此早早就做準備，同時間大約有十幾個團隊同時在談各種項目。

　　例如越南就談了6年，又逢上越南反華抗議示威，大項目停頓許久，只有零星的工廠開工，到

今年鴻海總算從微軟手中獲得位於越南北寧的製造工廠。

印尼也是走走停停，最有譜的還是印度。2015年郭台銘前進印度，對外宣布，將對印度進行「長期的高科技策略性投資」；未來5年內將在印度投資50億美元設廠，在2020年以前，擬在印度設立10 ～ 12個製造據點，同時也會攜手印度合作夥伴，布局線上服務、行動互聯網、電子商務和再生能源等全新業務。

這是自印度總理莫迪上任以來，喊出的「來印度製造」（Make In India）新政下、規模最大的外國投資者。

他曾經在莫迪總理家做客三次，殷殷與莫迪剖析製造業的重要。他舉例印度軟體業就算有100萬人，如果立即轉到美國，頂多就造福這100萬人，但是實體經濟效益就不至於此，估計在大陸富士康每做1元外銷，就可以造成6、7倍的效益，如10到20個供應鏈，機械裡的砂輪潤滑劑、車刀等，一道道工序裡都富含附加價值，還要有工人吃飯、貨物運銷物流等都是在創造價值。

▌大象找狐狸

在投資印度製造業之時，他也不忘投資新創事業，富士康聯合騰訊，投資1.75億美元給印度本土即時通訊Hike Messenger。印度是僅次於中國的全球第二大即時通訊市場，Hike Messenger極可能成為印度的微信，現在估值已達14億美元，是印度最新的獨角獸公司。

在去這些國家投資以前，他就打造鴻海成為國際化公司，公司很早就開始所有電子郵件都用英文書寫，印度派出到富士康的人員吃不慣中國菜，反應給上級，馬上就會改進，他還要在台灣鴻海成立印度園區和印尼園區，自己帶著母親和太太小孩一起吃印度菜、印尼菜，要瞭解文化，先從食物開始。

企業家都知道員工最先要滿足的是胃，有了習慣的食物，在異域奮鬥減低了一份鄉愁。王永慶到哪裡建廠，就先設餐廳，再修宿舍。我去採訪台塑在美國德州的工業園區，第二天早上服務員端出的早餐竟然是稀飯、醬瓜、油炸花生米，菜脯，而且是廠裡墨西哥裔的員工做的，從台灣遠道而來的我，既驚訝又歡喜。

　　掌管台塑美國建廠的Max Wu跟我說，剛來美國的時候，員工都吃不慣當地食物，王永慶特別把在台塑大廚徐先生派到美國兩年，炒中國菜給大家吃，徐師傅還把自己手藝傳給墨西哥裔的下手，兩年後老墨學好了，徐師傅才可以回家，因此後來台塑宴請當地顯要時，一干老墨都能做出幾桌宴席來，一點都不輸台灣。

　　縱使開始國際化營運，也會遭遇意想不到的問題，例如設在印度清奈（Chennai）的富士康廠專門做諾基亞手機，但是諾基亞賣給微軟後，出貨量大減，逼得富士康也減少生產線，甚而必須裁員。1000多名員工憤而進入廠房砸東西、絕食抗議，印度警方派出大批員警才平復，最近富士康買下諾基亞功能手機部門，恢復生產。

　　當地政經情勢也有巨大影響，印度總理穆迪在11月忽然宣布，停用500元盧比和1,000盧比，希望遏止偽鈔及降低通貨膨脹。據印度《經濟時報》（The EconomicTimes）報導，命令實施得突然，各界都無法因應。因為印度人多買低價手機（5,000元以下），因此買手機必須帶多張紙鈔，極不方便。雖然禁的是大鈔，小鈔也連帶缺貨，商家找不開，因此景氣大受影響，富士康在印度廠

有1/4員工被迫休假，成為大新聞。

在巴西投資，郭台銘覺得遠不如預期效果，本來希望在巴西設廠，能夠銷往中南美等地，因為巴西政治穩定（比起其他動亂頻傳的中美洲國家），但是設廠後發覺巴西高關稅，走私猖獗，人民工資高，工作不勤奮，而且工廠所在地瑪瑙市，雖然地便宜，但地處偏遠，基礎設施不足，電視機組裝好，路上顛簸幾個小時讓人提心吊膽，到達目的地後，是否會出問題，「其實巴西這種痛苦經驗，付出的代價是消費者，也是普通老百姓。」

至於現在鬧得沸沸揚揚的美國投資面板廠，其實還沒有訂，因為美國投資牽扯複雜，現在川普提出「美國第一」，美國是世界面板廠最大用量國家，卻沒有面板產業，完全依賴外國進口。「美國有3億人口，中國是13億人口，兩邊我都要，不要逼我選邊！」典型的郭董，有機會就要趁。

▌衰老的巨人，美國

美國近年來經濟大不如前，歐巴馬時代8年，他當初的口號「HOPE & CHANGE」，也只流於口

號而已，經濟成長都是靠寬鬆政策取得，貧富差距愈來愈大，川普得以當選也是因為眾多以美國利益為第一來考慮。川普有此原則，其來有自。美國自雷根總統後，外交缺乏利多，尤其是柯林頓及歐巴馬對世界事務，都採取寬容忍讓，小布希又才智有限，無法開展對美國有利的外交。川普此次打出美國第一或讓美國再度偉大，也是因為美國積弱已久。美國是個大國，當大國衰落時，成為孱弱的巨人，每個國家都想分食一塊，一如中國在滿清末年，列強搶設租界，剝削中國人，滿清戰敗就要求賠款，或者關稅減讓，使國力受損甚巨，經過百年仍未能恢復。

因此未來美國要求貿易夥伴互惠，是自然之事。川普堅持的不是「自由貿易」，而是「公平貿易」。這點對包括台灣、中國台商乃至東南亞國家都必須注意。

▌不可取代的G2

美國仍然有不可取代的優勢，中國花20年也很難趕上。

以國家競爭力來說，美國顯然擁有豐富而

持久的核心優勢，最大的優勢是創新，從而產生的經濟活力，美國經濟活力以Apple、Google、Facebook、Twitter為代表，但其中除Apple外，都是年齡不到15歲的新公司。現在及未來美國都領先世界，有多種領域的創新，如人工智慧、機器人，石油探勘技術，開採頁岩油，國際能源署預計，在2020年將達到能源自主，在此同時，美國將成為全世界最大石油生產國。

在軍事上，中國固然大幅發展軍事武器，但是與美國仍然相差甚大，全世界的20艘航空母艦中，美國獨占11艘，不但是硬體，最主要美國憑藉其軟體，更是世界其他國家難以企及。例如美國與50多個國家締有正式同盟，如北約組織等，也是有史以來最大的網路。在60多個國家，有716個軍事基地，中國只有9處，而且都是在亞太。

最值得注意的是，美國高齡化問題並不嚴重，美國勞動力大軍相對年輕，又因為不斷吸收移民，規模仍在不斷擴大。從現在到2050年，預計美國人口將增加近1億人，勞動人口擴大40%。與其他發達國家，如西歐、日本和韓國的人口相比，這些國家的人口正在不斷老化並減少。預估至2050年，中國的中位數年齡將接近50歲；美國

依然為40歲，還有可觀的人口紅利。

這個大國一旦開始怒吼，誰也不敢忽視，難怪郭台銘說，不要逼我選邊。

鴻海的尾牙，郭董花了很多時間來講在美國投資的利弊，看得出來，一個國際企業家面臨選擇的難題。他似乎也要藉這個時機，清理自己的思緒，畢竟他不是超人，對什麼事都有答案。

今年是金雞年，但是他看到的是一隻撲朔迷離的雞，看得到蛛絲，卻見不到馬跡。

但是世界一定會走向保護主義，政治要為經濟服務，而不是經濟為政治服務，政府必須想盡辦法，吸引企業投資。

川普雖然口口聲聲說，美國第一，但是郭台銘看的是，是否土地很優惠，最好是免費贈予。以前阿拉巴馬州曾以1塊錢把土地賣給日本汽車製造商，哪個州有這樣的好康，他一定會去。其次人才夠不夠，美國已放棄製造業多年，技術人工缺，得重頭訓練起，是否已經緩不濟急，縱使訓練成功，高工資必定提高製造成本，提高售價，美國消費者是否願意買單，又是個大問題。

但是郭台銘佩服美國政府劍及履及，行動很快，例如美國在台協會馬上派人來問他的海外擴

廠計劃，賓州州政府辦事處頻頻造訪他，「以前他們只來台灣賣東西，要台灣採購這，採購那，今年要吸引投資了。」

看著郭台銘征戰南北，世界地圖裡一定點點都要有鴻海，獨獨近年來很少在台灣投資，如果面板廠在台灣設立，至少可以帶動5、6萬個工程師工作機會，以及無數上下游廠商發展。

「今年，大家都在想如何 restructuring（再造）及如何 resetting（重開機）」他說。

這股潮流值得台灣政府思考。

CHAPTER 15

實的，我做第一；
虛的我也要

品質是我們的品牌，科技是我們
的品牌，人才是我們的品牌。

———— 郭台銘

　　艾娃是個善解人意、具有極佳智慧的女孩，
主人一手打造下，當她穿上人類衣服時，看不出
是個機器人。她會和人類談心，娓娓道出心事。
天真的男主角經過幾小時的相處就愛上她，決心
幫助她逃離這座監獄式的別墅，讓她獲得自由。
但艾娃利用主人的另一玩物機器人京子殺了主
人、取得出入卡片後，丟下受困的男主角，獨自
逃往人類世界。

　　這是2015年上演的電影「人造意識」（Ex
Machina），是機器人的終極呈現。2016年，Google
團隊所發展出來的Alpha Go，打敗韓國的世界冠軍
棋士李世乭，更是令人心焦也興奮。霍金說：AI
任其發展，不管倫理、不管限制，人類終會毀滅
自己。

　　但是還早，現在的機器人雖然可以打敗棋
士，有自我學習的智慧，但是能手腳和腦並用還
有段距離，有多難？

　　台大博士後研究曾士桓，也是傅立成的助理
舉例，現在Pepper的手指就只能五隻手指一起動，
無法每隻手指分開動，這是因為手指動作是馬達
帶動特殊材質的線，現在只能做到五隻手指一
起收放，不能單獨動，就連要機器人做出簡單手

勢，比個「6」都不行。若要做複雜動作如舉玻璃杯，猜剪刀拳，更不行了。此外Pepper手部的馬達扭力不夠提重物，故要攙扶行動不便的人以及提菜籃，還無法做到。

研究機器人的鴻海獨立董事，台大資訊工程系教授傅立成說，愈研究愈覺得人類實在是上帝的完美傑作。我們認為手指分開動是輕而易舉，但是Pepper就不行，我們認為看護的工作輕而易舉，但是日本早稻田大學要到2020年才能製造出一款機器人可以完全模擬現在的看護，一台價值2000萬台幣，而且不能大量生產。「研究發展機器人的公司、學界總喊著快來了、快來了，但是常就差那麼一點，就發展不成。」傅立成說。

▌擴張，沒有邊界

機器人雖非完美（例如不會像人一樣很快切換工作），但發展動力已成，全球機器人這兩年尤其展現成長動能，2016年，機器人比預料中的更快的來到我們身邊，據國際機器人協會預測，今後機器人每年複合成長15%，到2019年會成為2000億美元的市場，相當於6兆台幣，等於我國紡

織產業總值。

機器人分為兩種，一種是在工廠流水線上的工業用機器人，一種是出現在家庭、銀行、學校等生活場景的服務型機器人。這兩種機器人（工業型和服務型）各會有什麼發展？鴻海在機器人領域裡有什麼潛力及規劃呢？

鴻海現在做的大部分是工業機器人。鴻海研發機器人始於10幾年前，到2010年鴻海13連跳後，郭台銘在深圳工廠苦思90天後所得到的結論，第一：百萬大軍必須換為百萬機器人，不管是工資，工廠安全，產品本身愈來愈小，不可能以人工駕馭。

第二，工廠內遷，不是逐水草而居，是逐人口旺盛、工資低的地方而居。因此到了河南鄭州，現在鄭州富士康廠已是中國第二大出口產值的地方；也去了貴州，建成了最符合蘋果環保標準的第四代工業園區。

失敗是快速教學的老師，錯誤是唯一的理解管道；郭台銘理解得快，學得快。

5年來，分布在深圳、台灣、山西晉城的富士康機器人工廠源源生下4萬個機器人，雖然離郭台銘聲稱的百萬機器人有很大差距，但是這些機器

人使得富士康關燈工廠已經成真。

在淡季，富士康的用人已經從120萬人降至80萬人，光是崑山工廠減少了6萬人。有個笑話說，未來的工廠只需一個人和一條狗。人是為了來餵狗，狗是為了保護設備不被入侵。因此郭台銘有膽喊出鴻海的工業4.0，響應大陸的2025製造，也有膽在大陸國務院舉辦的論壇「中國發展高層論壇2017年會」（這是大陸全國兩會後第一個大陸國家級大型國際論壇，主題為「中國與世界：經濟轉型和結構改革」），大談中國大學生實做能力太差。富士康招了很多大學生，卻不願意下工廠、上流水線，他向在場的工信部長苗圩說，「請問部長，有什麼政策可以讓大學生願意下工廠？」苗圩很客氣地回應，「請郭先生給我們點時間。」並且說在教育體制上一定要進行改變，要加大職業教育的培養力度。中國不需要800萬畢業生都去做工程師、科學家，搞研究。

這一兩年來，郭董很多投資，招數怪異，大家都看不清楚，有時兇猛，有時溫和，他的擴張好像沒有邊界。電視、手機、汽車、面板、電信、金融、滴滴打車，什麼都有；上游、中游、下游都做，例如要做電視就要做面板、還要跨足

零售領域，再進一步為了給消費者融資服務，又要做銀行等。富士康在大陸已經開設P2P平台，供應員工及自己的中小企業貸款存款，還投資金融區塊鏈，正擴充到台灣，逼得我國金管會表態，一定要管。

他還投資最近中國最時興的摩拜Mobike，近一年來，中國各大城市或校園裡出現一排排整齊的藍色流線型單車，由一名34歲的記者胡煒瑋創辦。她在跑交通線時，發現中國因交通嚴重阻塞，共用共乘將成為主力，於是她結合自己人脈，2年前設立Mobike，由於很有創意，獲得很多城市領導人激賞，也與郭台銘一拍而合。因為自行車必須快速且大量生產，富士康的巨無霸生產線可以實現，於是做手機的改做自行車，第一年就生產了500萬台自行車。郭台銘在中央電視台的訪問裡特別強調，他們不是代工，而是共同設計、生產以及投資，等於還擁有品牌。

波特及很多管理學家都已提出，新競爭者不是只從自己行業來，更可懼的競爭者是來自行業外，他們常成為顛覆全域的破壞者。例如數位廣告的成長量75%都已被Google搶去，美國電動汽車特斯拉也搶去了傳統汽車公司的電動車份額。

▌生態模式競爭

　　這種打法，叫做生態模式的競爭，在這個生態裡，所有的業務都扭結在一起，互相補強、互相協同借力。就如現在大陸最紅的一家企業就是樂視（隨時有資金週轉不靈之虞），它從一個名不見經傳的視頻網站發展成為一家市值千億元的創業板龍頭企業，就是這種打法。它同視頻網站比電視硬體，與電視廠商比內容，爆發出不在一個維度上的跨界實力。樂視的創始人賈躍亭曾表示，工業時代是點對點的競爭，未來則是鏈條對鏈條、生態對生態的競爭。單點將難以和鏈條、生態相抗衡，對於企業來說，想要通過單點突破取得成功是愈來愈難了。

　　鴻海版圖既已如此龐大，郭台銘仍不肯放棄大小產品。好比他的起家產品 —— 連接器，鴻海從沒有放棄過，郭董甚至還把它分立出來，命令必須做到三位數就是千億元營業額。就像百年企業飛利浦從沒有放棄做電燈泡一樣，GE也從來沒有放棄家電事業。

　　鴻海近年來更在大陸成立膠水工廠，很多人認為殺雞焉用牛刀，膠水有那麼多利潤嗎？鴻

海各種產品都需要膠水，與其外購，還不如自己做，新型3C產品及穿戴裝置未來將益形輕薄短小，裝不上螺絲釘，必須用膠水來黏合。

「新世界並不像想像中的那麼混沌，它只是在失控中重構，以新的價值連結方式聚合。」大陸知名財經作家吳曉波說。

2/3時間在國外跑的郭台銘，不甘願鴻海如一些本土企業溫水煮青蛙，慢慢凋零，因此不斷要求員工技能打掉重練，適應未來科技險峻情況。

例如5年前，他就要鴻海接受機器人，結合大學院校舉辦內部機器人大賽，看機器人如何提高生產力，「這是國內企業界第一次注意到我們機器人發展。」台大資工所教授傅立成說。

▍機器人新趨勢

「領導人必須不斷自我調適，伸出天線，要求員工養成攻擊者習慣。」《攻擊者優勢》作者說。

目前，富士康的28座工廠，已經顯現成效，不但是節省人力，機器人不會累，也不必被勞工團體挑剔加班、超時工作，更不會跳樓自殺。富士康勇於實驗，未來會運用愈來愈高。

　　鴻海這28家關燈工廠，不但省人力，也成為克敵致勝的利器，因為是自己研發出的機器人，製程步驟都是獨家，在我國各廠商搶單、模仿的熱潮中，鴻海得以擁有獨步全球的機器人，可快速爭取訂單。

　　更重要的是機器人還很環保。巴黎公約（代表環境保護最高要求）在中美兩國同意後終於簽成，規定了每個國家在未來的碳排放量，蘋果電腦在2016年年底曾密訪台灣的代工廠商，要求廠商加強綠能投資，減低排放，否則就要取消訂單。因為蘋果在美國的消費者也在嚴格監控蘋果對代工廠，是否做出合於巴黎公約標準的要求。

　　未來鴻海還可以賣機器人，全球工業機器人市場中，中國大陸既有吸引力，又有挑戰性。

　　以每萬名製造業就業人口的機器人使用量論，根據調查，2014年全球平均量是66台工業機器人，而中國大陸是36台工業機器人。比起韓國的480台和日本310台還差很多。隨著中國製造2025，中國不僅要做製造大國，更要做製造強國，因此工業用機器人在中國大有市場，而且機器人製造附加價值高，絕非生產iPhone或小米可以比擬，「他從來不認為中國只是工廠，是市場，而且

是不斷創新的市場。」鴻海前法務長，現任世橋法律事務所創辦人周延鵬說。

機器人，不管是服務機器人或工業型機器人對我國都影響重大。20多年前，傅立成從史丹福大學獲得博士回國後，本想發展工業機器人，但是台灣政府批准企業引進外籍勞工以及工廠外移到大陸，使得他無用武之地。

與此同時，日本致力發展機器人，現今工廠用機器人都已經很普遍，豐田汽車開放其機器人生產線給大眾參觀，表示已不是祕密，同時間也保存了生產鏈都留在國內，產業聚落仍然完整。更且造就了機器人產業，全球工業機器人有一半是日本籍。日本品牌的工業機器人如FANUC（全球第一大）、安川、那智不二越這三大工業機器人企業，遠近馳名。他們也造就很多小而強的中堅企業，例如有「日本郭台銘」之稱的永守重信所創辦的日本電產（Nidec），是全球最大微型精密馬達製造商，也創下21項產品市占世界第一的紀錄。他對經營的熱情更贏得「比太陽還熱的男人」稱號。

█ 歷史不容重演

　　歷史不容重演、過去不堪回顧，現在正是台灣發展機器人的契機。根據工研院統計，全球機器人的市場規模從2011年的123億美元，預計至2021年將成長至336億美元，成長3倍。其中，全球工業機器人的市場規模將從2011年的87億美元，成長至2021年的158億美元；全球服務型機器人的市場規模將從2011年的36億美元，成長至2021年的178億美元。成長5倍。

　　工業機器人將廣泛用在電子產業、汽車產業、機械金屬業、航太業。而且機器人使用需求不只有台灣，隨著新興國家崛起、生產中心轉移及工業4.0的發酵，再加上庶務人力短缺以及智慧家居、醫療照護所衍生的無人化多元載具應用需求。鴻海的10兆霸業就奠基於此。

　　鴻海是台灣的科技指標，所以台灣機械業、電子業、汽車業既可用機器人提高生產力，也可做機器人及其零件，尤其是台灣的精密機械，軸承、滾珠、鋼材都發展得很好，鍛煉出可以縱橫世界的競爭力，「應該把握這個會使台灣工業水準提升的契機。」資策會市場研究中心所長詹文男

說。「近年來各界都責難台灣企業界只重硬體，不重軟體，其實台灣應該要適性發展，我們製造實力太強了。」

▌ 把握產業升級契機

服務型機器人未來更是前途可期，照護、醫療、教育上都大有用處。很多人對羅賓‧威廉斯主演的電影「變人」裡的機器人安德魯印象深刻。他善於學習，到後來比人聰明得多，還能做手工藝自力維生，活到200歲，陪伴了主人三代，是理想的服務型機器人。

談起服務型機器人，鴻海獨立董事傅立成也有著滄桑之感，他先是研究工業機器人，政府卻開放外籍勞工，英雄無用武之地，後來改研究服務型機器人，政府又開放外籍看護。傅立成堅持信念，依然固守崗位，在他的展示室裡，人們可以看到3款他的兒女，長子是「台大機器人1號」，主要協助校園導覽服務。

傅立成當時擔任學校主任祕書，例如訪客到校參訪，或校友回校參觀都需要志工協助導覽，而訓練志工不容易，他就興起製作機器人念頭

來。這位長子的確忠心，無論寒暑晴雨，站在戶外，利用GPS定位，帶領訪客到他們要去的地方。

第二個是女兒Julia，台大資訊工程研究所團隊有個室內的機器人，Julia身高只有120公分，既然是為了人類服務，就希望她和我們坐下來同樣高度，她最重要提醒長者用藥，幫助孩童，更提供娛樂，是一個移動式的多媒體播放機。Julia可把YouTube的影片投放到牆上，還能透過Skype打電話。在當時是非常先進的機器人。

第三個孩子應屬中性，Ario的每個字母都有其意義，A是Agile靈活、敏捷；R是Robot機器人；I是In在的意思；O是Office辦公室。就是在辦公室裡的聰明人。它比較高，身高有150公分，白天可以當總經理祕書，到櫃台任接待員，下班後可巡視辦公區，晚上則可任保全，也能與成員聊天。面對不同成員可以馬上改變角色。

▎品牌、銷售、研發一手包

鴻海在服務型機器人的生產上也扮演要角，它有品牌，有製造，也有銷售管道。

富士康與軟銀及阿里巴巴合資，組成生產銷

售公司，最主要業務生產 Pepper，Pepper 是世界上第一台帶「情感的機器人」，因為它能夠通過判斷人類的面部表情和語調的方式，「讀」出人類情感。Pepper 使用基於雲端的面部和語音辨識來完成這些任務，會猜別人的年齡，也會唱歌跳舞，還做郭台銘女兒妞妞的老師。

　　Pepper 主要在山東煙台生產，（台灣也生產重要零組件），2015 年 Pepper 剛剛在日本公開時，兩批共 2000 台被日本消費者搶購一空。富士康開始加快生產時程，本來一小時只能生產 5 台，富士康導入自動化生產後，不僅生產成本降低、產能亦大幅提升，改進到一小時 10 台，山東煙台經濟技術開發區管委會指出，預估今年度出貨量可達 6 萬台，產值約合新台幣 160 億元，平均出廠價 26 萬元，出口日本、台灣外，現也已開始出口到歐洲及美國等市場。

　　生產機器人是一個巨大的挑戰，每個細節都得注意，在最終組裝後的檢查工序中，Pepper 會伴隨著輕快的音樂「翩翩起舞」。當然這並不是在娛樂。而是為了檢測機器人的各個部位及感測器能否正常運轉。

　　鑑於客戶不願意遽爾付那麼多錢，Pepper 在台

灣只租不賣，由鴻海附屬的亞太電信辦理租賃業務，台灣現在很多銀行用它來指點客戶，月薪剛好2.6萬（租賃費），比雇用一個員工還便宜。鴻海受惠的不只是租金，而是經由Pepper與人的互動，可以蒐集大數據，做為改進的研究與設計。等於鴻海至少掌握了大部分的產品供應鏈，尤其是在台灣的行銷與研發，可以供給未來在他國使用，實現宏碁創辦人施振榮多年來所倡導的台灣企業必須掌握的「微笑曲線」，也就是掌握行銷和研發。

也因為買了夏普，鴻海也承接了RoBoHoN人型機器人，它可以用兩條腿行走，不僅可以透過語音操控，可透過臉部辨識功能分辨使用者，也內建高解析度HD（1280 x 720）的雷射投影裝置，可投射照片、視訊或是地圖到螢幕或牆上。

RoBoHoN可以做那麼多事，但不一定做得好，在鴻海尾牙展示時，郭台銘問了三次「我是誰？」RoBoHoN才答出「你是郭台銘」。

挑戰張忠謀，跨入半導體？

郭台銘要完成百年霸業還有一塊版圖，未盡

開發，就是半導體。產業經濟學家杜紫宸預測，這可能是他未來10年的目標，半導體是電子業心臟，什麼都得靠半導體驅動，他買下的夏普製造很多種半導體。「夏普至今已經製造了一億顆驅動式半導體，請大家記得這個數字。」去年股東大會時，鴻海半導體大將劉揚偉一再說1億顆，意在顯示夏普絕不是只有家電，鴻海有了它，也不會是半導體的陌生人。

因此從去年底，日本東芝要出售其半導體部門，鴻海積極響應，出價最高。他說，我們有誠意、有能力，有決心，讓東芝半導體部門起死回生。郭台銘的老情敵，日本政府組成的INCJ也出來橫刀奪愛，因為日本視鴻海為中國企業，怕放給中國企業，技術外流，但是在夏普之戰裡，郭台銘也屢遭INCJ阻撓，夏普一度已與INCJ達成收購協議，但郭台銘最後仍然完勝，所以未來鹿死誰手還未定。況且現在世界上仍有諸多半導體公司陷於困境，收購一兩家，完成電子全版圖，對郭董來說，並不困難。

他們要擴充，更有不得不的理由，每個產品，根據波士頓管理顧問公司的分類都會經過四個階段，一，問題期（導入期，不知是否可成

功，例如80年代的個人電腦）；二，明星期（成長期，當紅炸子雞，如90年代的筆記型電腦）；三，金牛期（成熟期，如這幾年的智慧型手機）；四，瘦狗期（衰退期，如桌上型電腦），鴻海必須未雨綢繆。

很多專家預測2017年將有很多科技會風起雲湧，有大突破，如虛擬實境、物聯網、無人車、機器人、3D列印，這裡講的雖是實體，但是背後支撐的卻是虛擬，而實體和虛擬結合，才是致勝王道。

▍關鍵詞：科技與5G

而所有的新科技都有兩個關鍵詞：人工智慧和5G。因為有人工智慧，現代工業機器人和以前的自動化生產站、自動化生產線，取代人力是完全不同的概念，機器人的商業模式都可能會改變，未來智慧化和軟體角色更重要，機器人可能變成輔助角色。未來的工廠可能會更重視資訊軟體的技術和服務。

凡是郭台銘想要著力的產業，他都扎根很深。十餘年前方國健的創投公司，投資一項娛樂

用的機器人，有人工智慧，也有複雜的機構設計，比第一代產品小恐龍，或電子雞有更好的學習能力。方邀請郭台銘投資，需要250萬美金，郭台銘一口氣就多投60%投了350萬美金，後來增資到1200萬美金，他也一口認了，其他股東都很高興。郭台銘還派出鴻海精銳部隊，幫助他們量產，這個專案等於有了研發，生產製造、行銷一條龍，成功的可能性很大，但是一年後，郭台銘就對這個專案冷了下來。

他們多方探聽，才知道郭台銘拿了個蘋果的大單子，而且精英都得調到蘋果那邊去工作。「所以不管他做pepper、做關燈工廠都扎根很深，不是人來瘋，或是隨興而起。」方國健說。

▋ 布局5G產業

同樣地對電信布局，也是起於20年前，可惜鴻海那時規模仍小，郭台銘政商影響力差，所以沒有搶到台灣大哥大、遠傳、和亞太電信，後來亞太電信要轉讓，郭台銘馬上接手，亞太電信前陣子慶祝智慧生活兩週年，4G用戶突破160萬，「全國壹大網」特別推出打電話、上網全部吃到飽

的超優惠方案，宣告「語音全免費時代」正式來臨；最低月付999元，可以無限制打電話、上網、看電影等。以前大家只叫「電信三雄」（中華電信、台灣大哥大、遠傳），現在已經叫電信四強（三雄加上亞太）。

雖然亞太電信現在營運尚未有大起色，但是他們在等待5G，期待轉敗為勝。

5G到2020年才會正式制定標準，但是各家已經摩拳擦掌，跑得快就可以參與制定標準。5G連網速度比現在快十倍、百倍，最新的科技如物聯網IOT、虛擬實境、機器人會因此發揮得淋漓盡致。在一項經濟部、科技部、工研院相關部會舉辦台灣5G產業鏈誓師大會，鴻海旗下台揚董事長謝其嘉說，鴻海將以旗下鴻通韜略發展中心（等於鴻海的電信學院）為軸心，布局5G產業，集團已組成200人團隊、計畫5年內投入新台幣40億元，全力發展5G。

鴻海5G團隊已經準備就緒，團隊成員包括台揚、建漢以及台揚之前併購的TelASIC研發團隊與丹麥的RadioComp公司，加上新結盟國際電信設備大廠，將組5G策略合作夥伴，這些都將是鴻通韜略中心攻占5G的前鋒部隊。

　　鴻海在通訊領域，從路由器、天線、基地台、小型基站（Smell Cell）都已相繼投入，成本相較其他同業低是鴻海的長項；台揚目前雖然只做高頻產品，未來5G以毫米波（millimeter wave）產品為主，更是台揚的專長，相關產品台揚並已供貨給國外業者。

　　在專利方面，鴻海的歐美團隊在天線及高功率發射器，都有很多突破，而且正在申請專利中。由於以前都是跨國電信公司及電信設備商主導3G／4G。這次亞洲國家有機會參與制定5G技術標準是台灣的好機會。

　　經濟部工研院也一再強調5G對台灣產業發展也至為重要，台灣在全球5G將有機會搶得三大商機，小型基站及終端裝置將大爆發，其中「小型基站」目前估占全球市占20～25%，未來5G時代到來時，將挑戰全球出貨量50%市占，商機高達新台幣200億元。另外，5G智財權將搶占全球市占4%，而5G帶動多元終端裝置出爐，台廠將搶全球市占第一。

　　他們也進軍有線電視，亞太電董事長呂芳銘以個人名義買下麥格理APTT管理公司，也等於買下台灣寬頻（台灣第四大頻道代理商）等於又多

了100萬客戶可以蒐集資料，發展客戶關係。

　　台灣也提供鴻海一個大小適當的科技實驗場，亞太電信董事長呂芳銘說，我們以台灣這個2300萬人口的市場，來做為我們的一個新科技、新產品、新解決方案的一個實驗基地。當我們實驗完了，我們就可往國際走。

▍指尖下的大數據

　　大數據更是郭董現在工作重點，在一個場合裡，他遇到中央大學資訊管理博士，現任東吳大學巨量資料管理學院助理教授鄭江宇。他對鄭江宇的特長很賞識，絕少為人寫序的他，願意為這位年輕學者出版的新書《指尖下的大數據》寫一篇序，談「抓住顧客的心」。他認為商業經營，創造持續性的成功，祕訣無他，唯有抓住顧客的心。

　　文中說怎麼牢牢抓住顧客的心，來自兩項必須的競爭力：領先的產品與卓越的營運。而擁有這兩項必須的競爭力，必須體現經營團隊挖掘問題與提出解決方案。

　　因為有大數據與手機網路得以讓小至個體網站APP服務商，大至首屈一指的世界級企業，加速

挖掘問題與提出解決方案。

　　但是郭董提醒知道什麼是大數據只是第一步，懂得分析流量來源、從雜訊中尋找機會，才能真正從巨量資料中挖掘到金礦。

　　去年雙11，夏普電視在阿里巴巴網站開賣，那天的收入固然重要，但隨之而來的數據分析，可以讓富士康知道淘寶的顧客喜好，他說「今年夏普再要參加雙11銷售時，不必事前就把產品做好等著，而是接到訂單以後，再開始組裝還來得及。可以減少存貨，這就是大數據造福企業的地方，而且這些海量資料還可以運用在其他消費品上面，進一步去挖掘金礦。

▌一口氣買下6套豪宅

　　私人生活也同樣實現科技效率，2016年10月14日，杭州新科技豪宅生活樣板屋武林一號展示處迎來了一位神祕的客人，正是郭台銘。原來他在杭州世界互聯網大會發表演講後，郭台銘趕緊利用僅剩的幾小時到附近看房子，參觀過後很喜歡，一口氣買了6套。

　　雖然郭董如傳教士般訴說自己對高科技的理

念和做法，但是很多人也擔心，這幾場世紀豪賭何時會回收？買夏普花了1,300億，廣州的面板廠投資總額高達近3,000億元，美國面板廠也是3,000億元，另外鴻海要買東芝出售的半導體事業，東芝要價7,000億台幣，還有很多林林總總的小投資，如諾基亞和投資中歐5國聯合的新創事業。

　　也有企業界人士認為鴻海轉投資是否戰線拉得太長，已經是不患寡，而患不精。組織是否能及時調整，企業文化是否能改變，適應新發展，將來建廠的人才及經營的人才是否有問題？

　　政大商學院教授李瑞華在校外的一場座談會中說，若以樹來比喻企業，樹根就是企業文化，重要性很高但卻因為隱於地下而易被忽視。平時企業文化的價值難以衡量，但卻在危機發生之際，愈能展現價值。

　　曾為台積電人力資源處長的李瑞華也說，每一個企業在成長的過程中，都會碰到人（才）的瓶頸。中文字型來看，企業的「企」去掉「人」是止，缺乏人才，企業成長就會停止，當事業成長速度超過人才成長率就會出現死亡交叉點，企業會出現危機。這時企業必須要有「蹲下來為了跳得更高」的決心，放緩事業發展速度，讓人才

培育跟上來，以謀求企業更長遠的發展。

　　李瑞華表示，這事說起來容易，做起來難，因為人都有貪念。「走得太快，要小心你的靈魂跟不上。」他引用墨西哥當地的一句俗語。

CHAPTER 16

哪裡覓得接班人？

新進人員要看責任心，
中階人員要看上進心，
高階人員要看企圖心。

—————— 郭台銘

「戴正吳，夏普社長，我以為是郭台銘呢！」

「呂芳銘是誰？沒聽過？」

這些人在鴻海集團裡都身掌兆元營業額，在業界也是響噹噹人物，但是問起一般人都沒有印象，在郭董耀眼的光芒下，他們平實的外表，語不驚人的談話，這些鴻海當家大將很難給人留下深刻印象，連名字都不熟悉。

希臘色薩利國王佩琉斯與海洋女神忒提斯相愛，生出個亦人亦神的兒子──阿基里斯，以勇氣、俊美和體力著稱，是「希臘第一勇士」。全身刀槍不入，只有一個致命點在腳踝。他一出生，母親便捉住他的腳踝放入一條河裡浸泡，但腳踝沒有沾到水，而使其成為他日後的弱點。

在希臘與特洛伊（土耳其境內，為美女海倫而戰）戰爭中，特洛伊王子帕里斯得太陽神阿波羅指示，一箭射中阿基里斯腳踝而死，一代英雄就此消亡。解剖學上將人體腳的肌腱（即阿基里斯被射中的位置）命名為阿基里斯腱，指某人或某事物的最大或者唯一弱點，即罩門關鍵所在。

郭台銘成立鴻海44年，已經經歷了各種考驗，未來科技巨變也難不倒他，誠如郭台銘所說，不管經濟怎麼虛（指互聯網、雲端等虛擬經

濟）總需要實體來承載，例如機器人、伺服器、
遠端醫療器具、穿戴式設備，而硬體製造他已打
遍天下無敵手，有如希臘英雄阿基里斯。

　　但是他的「阿基里斯之腱」在哪裡？根據採
訪人士及我自己的觀察：是他是否有人及團隊能
接班成功。

▌誰是接班人？

　　郭董第一任太太的子女郭守善和郭曉玲都不
熱中於接班，郭台銘很早就籌劃接班人選 —— 弟
弟郭台成，小他 11 歲，但天與願違，不幸得血癌
過世。他仍然沒有放棄 2008 年退休的計劃，當年
郭台銘邀請 4 位教授，台大教授李吉仁、政大教授
于卓民等，向學校請留職停薪 2 年，進入鴻海訓練
員工，並篩選接班人。但是進入不久就遭逢百年
以來最大經濟危機 —— 金融海嘯，鴻海再強也不
免遭逢訂單取消，獲利衰退，周轉問題。政府一
位高層人士說，連鴻海都得去申請政府的紓困措
施，可見金融海嘯之沛莫能禦。

　　當時郭台銘忙著救火，成天與部屬開會，這
幾位教授安排的訓練無用武之處，而且理論多於

實務，遠水救不了近火，有的教授一年後就離開。

金融海嘯後，智慧型手機一飛衝天，郭台銘又找到新的動力，並且宣稱「股價不到200元不退休」。又開始他每年2/3時間在國外看客戶，1/3時間在國內開視訊會議的日子，鴻海股票現在90幾元，「要到200元，郭董得一輩子不退休才行。」財訊社長謝金河打趣。

郭董身邊傑出人才不斷，但是流動也快，很多人曾被目為可能的接班人，例如從蘋果電腦來的蔣浩良，曾是當紅炸子雞，被視為最有希望的接班人之一，常隨侍在側，後來卻很少出現。接著從蘋果來的鍾依華也紅過一陣，因為iPhone5品質事件，以健康因素請辭，最後去了觸控面板廠宸鴻，擔任總經理一職，與鴻海底下的觸控面板子公司競爭。

香港的富智康總裁童文欣，去年4月才談成富士康投資諾基亞，今年1月就辭職。這位在鴻海集團已經待了10餘年的投資專家去職，業界人士認為至為可惜。10幾年來為鴻海集團守住面板事業的群創董事長段行健，去年卸下董事長後，似乎也甚少出現。

再細數從前，還有讓他等20年的德儀總裁程

天縱，在鴻海任副總裁5年，在最紅的時候，把辭呈放在辦公桌上就走人，堅持不讓郭台銘挽留。而當年他用3,000萬安家費，從日本豐田汽車挖來的管理專家戴豐樹，在大陸工作10餘年後也辭職。

一位離職的高階經理人指出，鴻海從不會請人走路，只有業績好壞及在老闆前面紅與不紅之別，你主管的業績如果衰落，或者犯了錯（這些人身負幾千億營業額，小錯就會變成大錯），鴻海只會逐漸冷凍你。

▌一旦失寵，今非昔比

既然如此，為什麼一定要走？普通人看來，大樹底下好乘涼，也不一定要走，尤其鴻海這種130萬人的大公司，總有安身之處。鴻海的遊戲規則清楚，不必花費太多心思，就可以適應。但是這些高階層都是一方之霸，不願就此潛伏。郭董為性情中人，喜好形於色，（而且常以各種方式宣示誰是他的愛將），一旦君王寵愛加身，就是一人之下，萬人之上。失寵後，在非常現實的鴻海集團裡，大多數人對你霎時變臉，「今昔相比，情何以堪？當然要走。」這位主管說。

有的高階主管願意等待，例如現在接夏普社長的戴正吳，前兩年也因業績不穩，有點被冷處理，但是在合併夏普案中，表現積極，又是鴻海裡的日本先生，因此派去重整夏普，郭戴體制配合無間，使夏普在去年第四季第一次轉虧為盈，戴桑身價看漲，是熱門的接班人之一。

▌每個人在他光芒下都失色

要做郭董的接班人難如登天（雖然他說，只要肯吃苦就好），而且他光芒萬丈，每個人在旁邊，都相形失色。每次會見新聞界，雖然台上坐了三、四個愛將，但是都沒機會講話。最近一次農曆新年前舉行的尾牙，記者會裡，如夏普社長戴正吳，在大陸的老將簡宜斌、陳振國等都在座，郭董滔滔不絕，老是講「等下戴社長會給你們解釋」，但是總輪不到戴正吳講話就已散會，放戴正吳在一旁打瞌睡（他每天工作16個小時，比郭董還多一小時）。

郭董勤於學習，每個部門都得向他報告，經常接觸頂尖客戶，又能把所學融會貫通，做決策快，管理又巨細靡遺，部門領導人偏重執行，短

期成效，難有一個再像他的領導人如此有領導魅
力。

　　因為郭台銘強勢，又不願意部屬和媒體接觸
（這點與賈伯斯相同，賈伯斯認為只有自己才能真
確描繪蘋果的想法及願景）部屬缺乏與媒體溝通
經驗，外界更只認郭台銘。高階主管在外面較缺
乏知名度，很多專家都此表示擔憂。

　　我國不管是家族企業或非家族企業，交棒接
棒都大有問題。在台灣面臨交棒的絕大多數是創
業家，創業家的生命和企業密不可分：台灣經濟
奇蹟是這批勇闖天涯的創業家打下來的，他們畢
生心血都在打造這家企業，要將之剝離、交棒出
去，是多麼困難。

　　我在王永慶過世前幾年，每次去採訪他，問
到交棒計劃，他都不願意談。後來台塑開始成立7
人小組運作集體領導，他一聽到這個問題，就要
起身離開。在那幾年中，也明顯感受到王永慶的
失落感，讓人覺得他幾乎是被「綁架退休」，很不
甘願手中空空，不掌大計。

　　很多創業者，起初都擬訂了退休計劃，也找
好接班人，但是都因種種原由而作廢，因此重做
馮婦，最著名的是台積電董事長張忠謀。原來已

選定接班人蔡力行，但是不滿蔡力行在金融危機時的表現，將其調職，自己兼任總執行長及董事長，這一接班計劃已經延了8年，雖然有2位共同執行長，極少曝光。農曆過年期間，張忠謀在夏威夷家裡跌倒，引發股市大震盪，台積電的接班已不是個人的問題，而是台灣的問題。

宏碁因為巨額虧損，2013年施振榮欽定接班人王振堂辭職，施振榮回鍋接任董事長兼總經理一年（現已交棒黃少華），負起公司改革重任。

這些人又擔負各界的期待，因為董事長重上火線，公司轉危為安，例如宏碁、台積電、華碩等，更加深各界投資人、分析師，非此人不可的印象，也促使創業者更覺得天將降大任於本人也，不放心就此交棒。

電商名人阿里巴巴董事長馬雲，曾經發表演講，他在台灣跟一群人一起談創新，但都是白髮蒼蒼的人，這樣的人怎麼可能創新，這樣的台灣不可能有希望，讓給年輕人吧！

棒子有天一定要交出去，尋求接班人已經成為一門專門學問，很多MBA研究所都有開。叫做企業接班人計劃（succession planning），又稱管理繼承人計劃，是指公司確定和持續追蹤關鍵崗位

的高潛能人才，並對這些高潛能人才進行開發的
過程。

　較中性的詞彙稱它為「續承計畫」。郭台銘就
說：「現代人活100歲很普通，但是百年企業卻難
見」。而企業能見百年，第一步就是創業者要尋找
接班人。

　大部分觀察鴻海的專家認為，郭台銘如果退
休（很多人懷疑他會退休，他的靈魂、肉體、意
志都與鴻海合而為一，要剝離，要交棒，是多麼
困難。）很難有一個人可以統合鴻海，極可能採
取集體領導，如台塑集團的7人小組，由專業經理
人及家族成員組成。但是鴻海裡的大將都是一方
之霸，誰都不服誰，能否達成共識及結論，塑造
決策都很難。在台塑7人小組裡很早就可看出是王
永在長子王文淵，及王永慶庶出的長女王瑞華掌
管最大發言權，因此意見容易統合。

　業界有說法，未來鴻海可能分為三、四個事
業群，也是由現行的副總裁級領軍。企業界經典
接班人選拔案例，當屬GE前總裁傑克・威爾許。

▍沒有永遠的總裁

當時GE各部門混亂無章，有的賺錢，有的大賠幾年都沒有人管，但是威爾許一上台，就要求各個部門，除非能做到世界（不止美國）的第一或第二，超過改善期沒有成功就得裁撤，威爾許因此聲名大噪，人們都視他為GE不可取代的人物。但是從1990年代初開始，董事會逼著他尋覓接班人。

從1994年開始，GE董事會開始找尋接班人，威爾許是重要參與者，但沒有最後裁定權，由董事會決定，因為新總裁必須與董事會打交道。他們首先決定接班人必須內升的大原則，選定24位人選，包括3個層次，部門主管，部門內表現優異的主管，以及年輕有潛力的主管。

董事會花了6年時間，與每一位候選人面談，聽取簡報，甚至一起打高爾夫球，共進晚餐，以從旁觀察他的言談舉止及經營理念。兩年後決定出4位人選，再兩年又從其中挑選出2位，再過兩年2001年終於宣布44歲的伊梅特（Jeffrey R. Immelt）為傑克‧威爾許的接班人，年底上任。

選他的理由是他經營成果斐然，人際關係良

好，有很強的EQ，另外的主因是他才44歲，比傑克・威爾許年輕近30歲。體力不容懷疑。

在選拔繼承人期間，為了安定人心（因為很多主管知道自己不被考慮，都會投靠他營），所以最初的24位候選人到最後的2位，都是保密的，連威爾許對董事會的推薦名單都是用手寫的，以免外洩，可說人人有希望，個個沒把握。

選定接班人，未來還不一定表現良好，有的很快就被董事會換掉，知名企業全錄、寶鹼（P&G）和可口可樂交班並不順利，營運不佳，不孚眾望，新總裁一兩年內都被董事會換掉，黯然而退。

伊梅特上任以來表現不凡，每週工作100小時，每天平均14個小時（比郭董少一小時）以上，頗有繼承威爾許的大將才能，一路順風，度過金融海嘯。但是GE這幾年表現不佳，營運成績不佳，人們開始覺得它步履蹣跚，沒有搭上新經濟列車，股票在15到20美元之間震盪，圈內人屬意GE現年49歲的首席財務長伯恩斯坦（Jeff Bornstein），他在削減成本和提高盈利品質方面建樹頗豐。最近伊梅特宣布要退休，GE股票當天就漲了1%，也打臉伊梅特。

　　世間沒有永遠的總裁。

　　郭董今年才66歲，根據《真實年齡》一書指出，現代人由於營養佳，重保健，法定年齡減掉15歲（有的人可達26歲）才是真實年齡，郭董等於剛過50歲，又有兩個醫療團隊（一中一西）照管，等於正值中年，他也是應該選擇接班人的時候了。

進階觀察 ▶ 一堂20億元的課

　　郭台銘花很多時間在年輕人身上，希望培養出下一代領導人，以接續鴻海光輝。鴻海每年在台灣暑假都招收2萬名大學生，新生訓練時郭董一定去講話，教導鴻海精神。然後放到工廠半年實習，因為郭董認為習比學重要，也會定期挑選優秀年輕人去董事長辦公室歷練，或者做特別助理，緊接著再放到事業部門，獨當一面。例如控告鴻海開革，獲賠2,000萬元的謝冠宏就曾做過郭董的特助，再去負責新綠事業部，原本前途看好，只因一次會議缺席，而被郭董開革。

　　特別助理看起來位高權重，但是充滿考驗，例如一位鴻海離職部屬說，郭董常會指定某位特助去蒐集某個部門的資料、營運狀況、市場比較等，每個部門主管都掌管幾千億營業額，而且資歷在鴻海一定比你久，並不一定要鳥你，這時就在考驗這位年輕人是否能協調、是否靈通，及利用資源的能力。

　　他在台灣的演講大部分都針對年輕人，而且非常重視，例如2012年他在台大的演講，是前晚趕回來，當天一早還特別去染髮，遮蓋自己的灰色鬢角，穿上皮夾克和牛仔褲，要爭取年輕人認同。「你們台大的，我來一個收一個。」他豪語道，但大家都知道這不可能，只是說說而已。

　　2011年12月1日鴻海高雄軟體園區動工當天，有一位台中年輕老師帶了多位學生，專程到高雄參加鴻海主辦的青年創業論

壇，當場他邀請郭董到台中，郭董竟然立刻答應。只是沒想到，行程忙碌的郭台銘，竟在2個星期內就實踐了承諾，在逢甲大學做了一場演講。當天進場時，郭台銘帶著招牌太陽眼鏡，氣勢十足，馬上吸引全場目光。

2016年7月盛暑時節，永齡基金會投資的生技醫療年輕團隊H Spectrum的研究成果，郭台銘也是前一晚十點趕回來，第二天下午二點半準時出席，也穿上有著H Spectrum標識的白色T恤。90名年紀都不到35歲的青年在場，郭台銘一一點評他們的提案，給資金、給經驗，還一一點破連創業可能面臨的風險，4小時課程，被媒體喻為這是20億元一堂的課。郭董真捨得。

他常在各種場合，告訴年輕人成功三特質，第一個特質是你要有passion（熱情），要執著；有的人為興趣工作，有的人為理想工作，而有的人是為了錢工作，但是最好是能三方面都結合。

他並且舉他年輕的現任太太為例，曾馨瑩從小喜歡舞蹈，大學也繼續主修舞蹈，畢業後教舞賺錢，教過林志玲和蔡依琳，曾馨瑩說她婚前活得很自在，教舞一個月收入20多萬元。因此嫁給郭董並不是為了錢。

第二個成功的特質，就是不怕挫折，一定要有面對挫折的勇氣。所謂失敗是成功之母，沒有連續而且重大的失敗就成功，必然是曇花一現，是偶然的。

第三個是一定要樂觀，要正面思考，不要負面思考。郭台銘

的名言裡有「天底下沒有完美的辦法，但絕對有更好的辦法」，也有一條「打敗自己的永遠不會是別人，一定都是你自己。因為第一個說放棄的都是你自己」。

但是他覺得台灣年輕人太追求小確幸。90年代初，台灣經濟如日中天，他發覺當時台灣年輕人只喜歡開咖啡廳就說台灣前途可慮，現在的台灣年輕人更耽於逸樂或者示威抗議。他反而欣賞大陸年輕人的肯幹與創新。2016年下半年他馬不停蹄在大陸各地演講，就是希望有更多年輕創業者來參與他往後的事業。

他一再強調創業要有狼性，要狠也要準。遇到困難，一定要把創業放在第一位，必須犧牲自己的時間，把事業排在第一，很多東西就必須往後排。

▶ 創業就是一個叢林

在很多次演講裡，他都提起一位香港青年的打拚精神及做法。21歲的郭賢頌，因為每次出去旅行，回來就收到巨額上網帳單，於是從芝加哥大學輟學，創辦Tink Labs。與香港各大旅社合作，給予免費手機，客人一進房間就可看到桌上擺了手機，螢幕上顯示旅客姓名，手機裡有著名景點、飯店、購物廣場等，並可規劃旅行路線，訪客可以拿著這個手機到處走，還可免費上網及打電話。旅客一退房，手機裡打過的電話、發的簡訊、或任何瀏覽紀錄，軟體都會自動清除，可以保護客人隱私，也不用飯店

人員多花功夫。郭頌賢表示，目前香港及新加坡一半酒店都在使用，其他較小的市場有倫敦及羅馬，最近開始進軍台灣觀光飯店。

這就是中國大陸最時興的痛點創業，針對客戶最痛恨的點，來開發新需求，例如觀光客人生地不熟，手機TinkLab可幫助他們。這家公司估值已超過5億美元。他在一輪風險投資會議中說，「我們還不是獨角獸，但路途已走完了一半。」

不止如此，他的handy手機用的是鴻海的富可視手機也取得郭董的巨額投資。

郭董的投資不止是資金而已，更是人脈和機會。在去年中秋節前一天，颱風來襲，但郭台銘的朋友很想找他談，早上郭台銘祕書打電話給郭賢頌，當天中午郭賢頌就出現在郭台銘辦公室，而且當時還找了用戶來體驗，是在東歐一個很大連鎖公司的總裁。

郭賢頌更聲明，第二天中秋節他隨時待命，只要晚上能趕回家吃晚飯就可以。「他通過了我的第一個考驗，」郭台銘說。

創業就是一個叢林，進入叢林以後看到哪有路就往哪鑽，看到哪有水就往裡跳。

郭董似乎鍾情於大陸青年更甚於台灣青年，雖然鴻海在台灣也有大學校園招聘，打出月薪42,000，加上分紅，年薪達百萬的號召，但是在中國大陸顯然規模大得多，最近他在中國大陸海選接班人，一共要招收18,000名幹部，今年2月底，富士康在深圳舉行有史以來最大的招募計劃，要招收大學生，但也招收技術職

業院校畢業生，招募人才在科技行業應有盡有，涵蓋電子商貿、諮詢技術、工業互聯網、人工智慧、大資料、機器人、自動化、新材料、機械工程、精密模具等各個熱門行業，期望先搶到人才。

在此期間，他強力造勢，不斷接受媒體訪問，期望打破一般人的刻板印象，富士康是家高科技公司，不是人們想像的「血汗工廠」，需要大量高科技人才，招募的大學生必須從基層做起，逐步培養起在智慧製造、技術研發、產品設計、工業互聯網、科技服務、電子商務等方面獨當一面的人才。富士康並且提出3年擢才計畫。這些年輕人經過3年一線鍛煉之後，將有機會進入集團接班人梯隊。

郭台銘感性訴求：「我的位置絕對屬於年輕人，希望他們都能成為實體經濟的接班人和領軍人才。」

結語

　　人生一世，草木一秋，一個人要活得適才、適性、適情不容易，但是郭台銘做到了。他一生活得精彩，活得適才、適性、適情、沒有郭董，台灣會更悶。

　　清明假期過後，4月5日鴻海去年獲利超乎預期，全年稅後純益衝高到1486億元續創歷史新高，一掃營收不增反減的陰霾，也打破外資看淡鴻海獲利的眼鏡。外資呈現道歉買超，股價大漲7.7%。

　　看鴻海集團各種公司表現，直如三溫暖。年初鴻海營收衰退，大家看衰，但是百變郭台銘似乎又突然收復失土，而郭董自己投資的堺工廠傳出來暴虧160億元台幣，香港的富智康接著發布獲利預警，預期2017上半年虧損低於1.1億美元，因

為諾基亞生產銷售成本增加。

種種不同圖像顯示了鴻海轉型所經歷的辛苦，例如富智康雖然盈利預警，但營業額將增加一倍，顯示富士康要追求營業額的成長，全力扶植新買的諾基亞手機。

鴻海組織龐大，子公司、孫公司無數，中華徵信所所發表的「2016台灣地區大型集團企業研究」裡，鴻海集團架構表就佔了25頁，一方面顯示郭董的霸業，也顯示大集團中很多操控的空間。「未來這個集團很熱鬧，很有看頭，」一位對鴻海有多面看法的分析師說。

郭董已是台灣第一大富豪，因事業獲得多個獎項，其中最難得的是郭台銘進入全球執行長100強，過去四年只有他和聯發科董事長蔡明介入列，前年，哈佛商業評論雜誌繁體版第一次做「台灣執行長50強」，郭台銘名列第一，自1995年以來的股東報酬率，是4,566%，也就是投資鴻海自上市以來，獲得45倍的利潤，台積電董事長張忠謀還比他稍稍遜一籌。

甚至他個人生活也令人欽羨。不只是事業得意，又有年輕伴侶，幼齡2女1男承歡膝下，「郭董已經達到每個男人的夢寐境界，」科技評論家

杜紫宸說。

　　但他幾乎從不出席領獎，他在意自己及鴻海是否做挑戰的事，每遇高科技轉折點，他急速擴大自己版圖，攻克城池，連對抗人類宿敵 —— 癌症，他都要一舉而克之。「捐大錢，做大事，比我們格局要大得多。」台大癌醫中心院長鄭安理說。

　　他每天仍然工作15個小時，只睡5個小時，一年2/3時間全球趴趴走，難得享受天倫之樂。很多人都在問，67歲的他到底是有什麼Drive（驅動力）？筆者訪問很多其他不休的企業家，如王永慶、張忠謀等，他們絕不是為資產多增加一個零兩個零，也不是為了名。

　　如果要真正追究動機，我覺得是一種人類亙古以來對成功、對征服的渴望。兩千多年前，羅馬帝國元帥凱撒5天擊敗勁敵本都國王法爾奈克二世。在給元老院修書捷報中寫著「VENI,VIDI,VICI.」（我來，我見，我征服），充分表現出凱撒用兵神速，渴望一統天下的胸懷。

　　公元500多年前的亞歷山大大帝從小就看重行動和榮耀，不願坐享財富和名聲。每當亞歷山大得知他的父親征服了一塊地，就會哭著說：「難道父親沒有留下一點的土地給我征服？」他認為父

親把什麼事都做完了，不給他留下建立功勳的機會。

　　郭台銘每年在國外行色匆匆，踪跡高緲，其實廣交客戶及科技霸主，他必定看到未來數年科技變化速度超乎想像，知道了，不踏進去，太可惜；一踏進去，就得做第一才甘心；又發現更多機會，要踏得更深。就如凱撒的「我來，我見，我征服」。

　　郭台銘雖然高調、霸氣，但是他的話仍然可信；他的諾言，也許久一點，但是終可實現，例如當90年代初，年輕人紛紛辭去工作，開咖啡館時，他肯定的說，如果年輕人都這樣，台灣經濟會沒有前途。在90年代末，電腦廠商一飛沖天，他說電腦將是機械業的天下，那時專長機械的鴻海就稱霸了。他說，買鴻海股票，就可躺著睡覺，這句話在2008年金融海嘯前屬實。在去年股東會中，他說鴻海將不再只追求營收成長，而要獲利成長，去年已實現。

　　至於中長期的承諾，例如他和夏普的日籍員工說，等鴻海將夏普經營好了，他就會還給日本人。再來，就是鴻海股價不到200元，他絕不退休，這也很快有實踐的可能，只有退休那部分可

能要等很久。

至於很多台灣人期待他2020年出來選總統，初聽起來，很為鴻海捏一把汗，他如此強勢，做如此多決定，股東必不樂見。郭台銘也不會輕易承諾，現今政壇劣風橫行，他出來必定被染紅、染黑、染黃，小股東也會為他心疼。

但是郭董也是至情至性之人，看到台灣如此凌亂不堪，說不定在國民黨頻頻勸進下，血性一起，也會答應，如此一來，他放不下的鴻海，部屬必須自己做決定，自己定方向，說不定人才因而大放異采，能有接班人或接班群。如果選上，又做得好，已在企業史上留名的郭台銘，會在台灣史上留名。

肯定的是，未來郭董生命不會留白。